Guidaci all'Immortalità

Valori spirituali con cui vivere ogni giorno

Volume 1

Guidaci all'Immortalità

Valori spirituali
con cui vivere ogni giorno

Volume 1

Sri Mata Amritanandamayi

Mata Amritanandamayi Center, San Ramon
California, Stati Uniti

Guidaci all'Immortalità

Valori spirituali con cui vivere ogni giorno

Volume 1

Sri Mata Amritanandamayi

Titolo originale: Amritam Gamaya – Part 1

Pubblicato da:
Mata Amritanandamayi Center
P.O. Box 613
San Ramon, CA 94583-0613, Stati Uniti

Internazionale:
www.amma.org

In Italia:
www.amma-italia.it
info@amma-italia.it

In India:
www.amritapuri.org
inform@amritapuri.org

Indice

Prefazione 11
1. Dharma 13
2. Devozione e umiltà 15
3. La concretezza della devozione 17
4. Bhaya-bhakti 20
5. Rituali e tradizioni 22
6. Iṣhṭa-dēvatā 24
7. Umiltà 26
8. L'ego, il nostro peggiore nemico 28
9. L'ego 31
10. Vincere le debolezze 33
11. Il rimorso 35
12. La via alla pace 37
13. Le prove della vita 39
14. Il tempo, la ricchezza più grande 41
15. La libertà dal dolore 43
16. Il servizio disinteressato 45
17. La quiete della mente 47
18. Maturità 49
19. Il vero amico 51
20. Il Signore Rāma 53
21. I preconcetti 64
22. Superare i preconcetti 66
23. Un cuore di bambino 68
24. Il valore del tempo 70
25. I frutti delle azioni passate 72
26. Imparare a dare 74

27. Io sono Amore. L'amore è la mia vera natura 76
28. Agire con efficienza 78
29. Cercare di non ripetere gli stessi errori 80
30. Condividere 82
31. Dare e prendere 84
32. Fare del bene 86
33. Dare 88
34. La testa e il cuore 90
35. La vendetta 92
36. La rabbia e la sete di vendetta 94
37. Il carattere 96
38. La guerra e i conflitti 98
39. Le critiche 100
40. Spiritualità e povertà 102
41. Il cambiamento 104
42. La meditazione 106
43. I modi di concepire il Divino 108
44. La pratica del japa 110
45. Il sacrificio 113
46. La preghiera e la fede 115
47. Il sorriso 117
48. Il Signore Kṛiṣhṇa 119
49. La Bhagavad Gītā 129
50. La non violenza 133
51. Una condotta retta e la spiritualità 135
52. L'essenza delle religioni 137
53. L'atteggiamento 139
54. L'eterno e l'effimero 141
55. Prārabdha 143
56. La medicina dell'amore 145
57. Essere focalizzati sull'obiettivo 147
58. Devozione e contentezza 149
59. Una mente aperta 151
60. Visitare i templi 153

61. Le abitudini 155
62. Ama il prossimo tuo 157
63. La collera è un bene o un male? 159
64. I Mahātmā 161
65. Nulla è insignificante 163
66. La conoscenza e le osservanze 165
67. L'intolleranza religiosa 167
68. La vera preghiera 1 169
69. La vera preghiera 2 171
70. L'adorazione mentale 173
71. Vivere nel momento presente 175
72. La vita è una palestra 177
73. La necessità di avere un Guru 179
74. Sorridi sempre, anche nel mezzo di una crisi 187
75. La spiritualità 189
76. Le responsabilità dei media 191
77. Accettare ogni cosa come un dono di Dio 193
78. La paura 195
79. Paura e amore 198
80. Karma yōga 200
81. Giovani e alcol 202
82. Corruzione 204
83. I giovani 206
84. Riconoscenza 208
85. Scienza e spiritualità 210
86. Vedere Dio in tutto 212
87. Vasudhaiva Kuṭumbakam: il mondo è una famiglia 214
88. La pace universale 216
89. Devozione e vita 223
90. La vera conoscenza 225
91. Śhraddhā 227
92. La coscienza morale 229
93. Il potere della gioventù 231
94. L'esperienza di Dio 233

95. Sii un testimone 235
96. Lo scontento 237
97. La Giornata internazionale della donna 239
98. Esprimere amore 247
99. Il legame tra marito e moglie 249
100. Simpatia e compassione 251
101. L'arte del compromesso 253
102. Adattarsi alle circostanze 255
103. Parola e Azione 257
104. La ricerca del piacere 259
105. Anelito 262
106. La forza interiore 264
107. Amare se stessi 266
108. Controllare la mente 268
Glossario 270
Guida alla pronuncia 278

Prefazione

Come l'oro negli ornamenti d'oro, l'acqua nelle onde e l'argilla nella terracotta, la spiritualità è il sostrato di ogni aspetto della vita. Questa è la visione di Amma. Per lei, la spiritualità non è solo parte integrante del flusso della vita, bensì il letto stesso del fiume su cui il flusso dell'esistenza scorre, a volte diventando turbolento, altre volte creando vortici.

La prospettiva di Amma, capace di abbracciare ogni aspetto della vita, è riflessa in questo libro, una raccolta di 108 messaggi che toccano una grande varietà di argomenti quali, ad esempio, l'etica e la coscienza morale, l'armonizzazione della spiritualità con il progresso materiale, l'importanza dei rituali e delle tradizioni, la meditazione e la gestione della mente, la capacità di attenzione e l'agire con maestria, l'equilibrio tra testa e cuore, la risoluzione dei conflitti, l'amore e la compassione, l'importanza di vivere nel momento presente, la necessità di un Guru, il rapporto tra i coniugi, il ruolo della spiritualità nella scienza e tantissimi altri.

La vastità immensa della visione di Amma non è solo di ampio respiro, ma rivela anche l'importanza perenne della spiritualità. Come dice lei stessa: "La spiritualità ci insegna come gestire la vita, vivere in questo mondo ed affrontare le sfide".

La bellezza degli insegnamenti di Amma, arricchiti del valore dell'intuizione e dell'esperienza, è racchiusa nella loro semplicità e chiarezza. In questo modo, Amma rende accessibile a tutti una saggezza senza tempo. Se riusciamo a fare nostri i consigli che ci dona, possiamo comprendere più profondamente noi stessi e dare un senso alla nostra vita. Amma afferma che "la spiritualità ci fornisce la comprensione di chi e di cosa siamo veramente. Tale comprensione ci rende consapevoli delle nostre responsabilità, così da poter vivere una vita che sia di beneficio a noi e al mondo".

Preghiamo affinché questo libro porti la luce della comprensione nella vita dei nostri cari lettori e spiani loro la strada verso un futuro più propizio.

L'editore

1. Dharma

Figli, il *dharma* è ciò che preserva la natura intrinseca di un oggetto. Il *dharma* di una lampada è fare luce, quello degli occhi vedere e quello del cuore pompare il sangue in tutto il corpo. Solo quando ogni organo del corpo agisce secondo il proprio *dharma* possiamo vivere in buona salute. Allo stesso modo, l'universo rimane in armonia solo se tutti gli esseri viventi osservano correttamente il loro *dharma*. I saggi di Bhārat (India) chiamavano "*dharma*" il principio che salvaguarda l'armonia dell'universo.

Possiamo viaggiare sicuri solo se i veicoli sulla strada rispettano le regole del traffico. Allo stesso modo, la società può prosperare ed evolversi solo se ogni individuo vive in accordo con il *dharma*. Questo vale anche per la famiglia: la pace e la prosperità regnano in casa se ogni membro della famiglia vive onestamente e si comporta avendo considerazione per gli altri.

Un insegnante deve svolgere il suo incarico quando va in classe. Quando però torna a casa, il suo *dharma* è diverso: dev'essere un padre per i suoi figli e un fratello per i suoi fratelli. Pertanto, il proprio *dharma* varia a seconda del luogo e delle circostanze. Il *dharma* consiste nel fare la cosa giusta al momento giusto e nel modo giusto.

Detto questo, tutti noi abbiamo un *dharma* superiore a tutti gli altri, il nostro *parama-dharma* o *dharma* più alto: realizzare la perfezione interiore. Immaginiamo una farfalla che depone le uova su una foglia. Se un uovo viene distrutto, la creatura dentro l'uovo non potrà raggiungere lo scopo della sua vita e neppure se morirà quando è una larva o una pupa. Realizzerà l'obiettivo supremo della sua vita, il suo scopo, solo quando si sarà trasformata in farfalla e la sua bellezza e le sue capacità saranno pienamente manifeste.

In ognuno di noi c'è la divinità. La nostra vera natura è divina e farne l'esperienza è il *parama-dharma* di ogni essere umano. Per "realizzazione" non s'intende solo la propria salvezza, ma anche lo stato in cui si vede se stessi in tutti. Oggi però non riusciamo a cogliere il vero valore della ricchezza che è la vita e la sprechiamo abbandonandoci a piaceri futili.

Dobbiamo vincere la tendenza ad agire in questo modo e vivere con discernimento ed una giusta conoscenza. Dobbiamo vedere Dio in noi stessi e in tutti gli esseri animati e inanimati dell'universo, portando così a piena realizzazione la nostra esistenza.

2. Devozione e umiltà

Figli, dove c'è devozione, ci sono anche qualità come umiltà, pazienza e compassione. Un vero devoto si vede come il servo di tutti, non si considera un grande uomo. È pronto ad aiutare gli altri, mettendo da parte i propri problemi.

Il re Ambarīṣha, un grande devoto del Signore Viṣhṇu, fece voto di digiunare sempre nel giorno di Ēkādaśhī[1]. Compiaciuto della sua devozione, il Signore Viṣhṇu gli diede il Sudarśhana Chakra[2]. Nel vedere l'immensa devozione con cui Ambarīṣha osservava il voto, Indra temette di essere sostituito da lui nel suo ruolo di capo degli dèi. Così, chiese al saggio Durvāsa di fare visita ad Ambarīṣha nel giorno di Ēkādaśhī per fargli rompere il digiuno. Il sovrano accolse il saggio con estrema riverenza. Dicendo che avrebbe fatto un bagno prima di pranzare, Durvāsa scese al fiume e non tornò neppure mentre si stava avvicinando l'ora di rompere il digiuno. A quel punto Ambarīṣha offrì oblazioni agli dèi, ne mise da parte qualcuna per Durvāsa e poi, bevendo un sorso d'acqua, ruppe il digiuno.

Quando il saggio tornò dal fiume e venne a sapere che il re aveva rotto il digiuno senza aspettarlo, si infuriò e cominciò a insultarlo. Ambarīṣha rimase imperturbabile. Sebbene fosse consapevole della propria forza, il re ripeté più volte e molto umilmente: "La prego, mi scusi per qualsiasi errore possa avere

---

1 Digiuno che si osserva l'undicesimo giorno dopo la luna piena e la luna nuova del mese, in base alle due fasi lunari del mese indù.

2 Letteralmente "il disco la cui visione è di buon auspicio". Il disco è un'arma rotante con bordi seghettati ed è l'arma del Signore Viṣhṇu.

commesso". Ma Durvāsa non lo perdonò ed evocò un demone per uccidere Ambarīṣha. Quando il demone si slanciò contro il re per ucciderlo, apparve il Sudarśhana Chakra. Dopo aver mozzato la testa del demone, l'arma si diresse verso la gola di Durvāsa. Per salvarsi, il saggio fuggì, cercando rifugio presso il Signore Brahma e il Signore Śhiva. Non riuscendo neppure lì a sfuggire al terribile Sudarśhana Chakra, si precipitò a Vaikuṇṭha, la dimora del dio Viṣhṇu. Il Signore gli disse che l'unico modo per salvarsi era chiedere la protezione di Ambarīṣha. Non vedendo alternative, Durvāsa corse da Ambarīṣha implorando perdono. Anche allora, l'umiltà del re fu tale che volle lavare i piedi del saggio e berne l'acqua.

Dio sarà sempre con chi è come Ambarīṣha e veglierà sempre sulle persone umili, proteggendole. Per contro, chi ha un'alta opinione di sé e pensa che tutti lo debbano servire, come potrà realizzare Dio?

Alcune persone covano vendetta anche mentre pregano. Un recipiente ossidato non può essere placcato con il piombo: bisogna prima eliminare la sua patina. Allo stesso modo, la devozione mette radici solo quando il cuore è stato purificato. Sarà allora che percepiremo la presenza di Dio in noi.

3. La concretezza della devozione

Figli, la gente critica la devozione e la spiritualità affermando che si basano su una fede cieca, sono un mezzo di sfruttamento e rivelano la debolezza mentale di chi si affida a loro. La devozione non è una fede cieca, bensì una fede che rimuove la cecità. La devozione è una scienza pragmatica che esorta a vivere in modo retto nella società e offre supporto nelle vicissitudini della vita. La fede in Dio dà la forza di non crollare davanti ai duri colpi della vita. Quando adoriamo Dio, assimiliamo le Sue qualità divine. Sono tantissimi coloro che si sono sentiti risollevati dalla fede in Dio!

Solitamente obbediamo alle parole di chi ci è caro. Supponiamo che una ragazza dica al suo ragazzo: "Se mi amassi, smetteresti di fumare". Se il giovane la ama sinceramente, smetterà subito di fumare. Questo è vero amore. L'amore ha spinto molti ad abbandonare le loro cattive abitudini. "Ho smesso perché non le piace che io beva". Ci si potrebbe chiedere se questa non sia una debolezza. Considerando i benefici che apporta, non è certamente una debolezza, ma una forza.

La fede e la devozione ci impediscono di fare del male e ci inducono a compiere del bene. Il codice della strada riduce drasticamente il numero di incidenti stradali. La presenza della polizia e i tribunali sono un freno all'incidenza dei crimini. Allo stesso modo, la devozione e la spiritualità sono mezzi pratici per mantenere l'armonia nella società e instillare profondamente i valori morali ed etici nelle persone.

La via della devozione mette l'accento sulle responsabilità dell'individuo nei confronti della società. La devozione a Dio e la compassione verso gli altri e i poveri sono le due facce di una medaglia: se c'è l'una, ci sarà anche l'altra. La compassione che mostriamo ai poveri è la vera adorazione di Dio. Una vera devozione ci porta a non desiderare molti averi e a servire i poveri condividendo con loro la ricchezza rimasta dopo aver provveduto ai nostri bisogni. Coloro che vanno in pellegrinaggio a Śhabarimala osservano un rituale in cui tengono l'*irumuḍikeṭṭu* sul capo. Durante tale rito è consuetudine regalare qualche moneta ai bambini. Al termine della *hōma* (rituale del fuoco) e di altre *pūjā* (riti di culto) è tradizione nutrire i poveri e donare loro vestiti e denaro. In questo modo la devozione favorisce lo sviluppo di una coscienza civica e la compassione. Allo stesso modo, il culto dei serpenti e altre *pūjā* aiutano a proteggere i boschetti sacri e preservano l'ambiente.

Abbiamo bisogno di una logica pratica, non di una ginnastica intellettuale. In genere diciamo ai bambini che se mentono diventeranno ciechi. Anche se non è vero, questa innocua bugia non li induce a comportarsi rettamente? Potremmo non essere in grado di comprendere la logica che sta dietro ad alcune usanze, tuttavia tali tradizioni sono molto utili ed aiutano ed elevano le persone.

Alcuni potrebbero servirsi della devozione e della spiritualità per sfruttare gli altri. Le monete false non vengono forse coniate perché quelle autentiche hanno valore? Il fatto che in una biblioteca ci siano due libri volgari non significa che l'intera biblioteca sia composta da tali libri, giusto?

L'amore e la fede sono i doni più grandi che l'uomo ha ricevuto. Se non ci fossero, l'esistenza sarebbe come un cadavere: priva di vita. Questo non significa che la logica e l'intelligenza non siano necessarie; lo sono, ma hanno il loro posto. Le forbici che ritagliano un tessuto e l'ago che cuce insieme i pezzi non hanno forse una loro funzione?

La questione non è se Dio esista o meno, ma se l'uomo soffra. Pensiamo a come lenire concretamente la sofferenza. La devozione è lo strumento che ci porta a scoprire la soluzione alla sofferenza in noi stessi. La sua rilevanza ed utilità non tramonteranno mai.

4. Bhaya-bhakti

Figli, alcuni chiedono se la paura abbia posto nel cammino della devozione e se la *bhaya-bhakti* (devozione accompagnata dalla paura) non sia dannosa. Amma non pensa che la *bhaya-bhakti* sia negativa. Sebbene la paura non trovi posto nella pienezza della devozione, una certa dose di timore aiuta decisamente il principiante a crescere sul sentiero della devozione.

Il Signore dell'universo elargisce i risultati delle azioni a tutti gli esseri. Dio protegge tutti i buoni e punisce i malvagi. Una persona consapevole di dover subire le conseguenze di ogni sua cattiva azione sentirà che nella sua devozione vi è un pizzico di paura, ma questa paura la renderà più forte perché risveglierà il suo discernimento e l'aiuterà a smettere di compiere errori e ad avanzare sulla strada giusta.

La *bhaya-bhakti* non è come la paura che lo schiavo prova nei confronti del padrone; assomiglia piuttosto al timore misto al rispetto che lo studente ha per l'insegnante o all'amore innocente che il bambino prova per la mamma. Questo è l'atteggiamento da tenere nei confronti di Dio.

Un bambino ama la sua mamma ed è convinto che lei sia la sua unica protettrice, ma sa anche che, se commette qualche sciocchezza, la mamma non esiterà a punirlo. Quindi c'è senza dubbio un pizzico di timore nell'amore che prova per lei ed è proprio tale timore che lo salva da numerosi incidenti ed errori. Un bambino ha molte debolezze e la sua immaturità lo spinge spesso a commettere errori; è proprio la paura che la madre possa sgridarlo e punirlo che lo trattiene dal commetterli. Quindi, la paura della madre risveglia il suo discernimento e lo spinge a seguire la retta via senza però impedirgli di sentire l'amore che la madre ha per lui. Anzi, la paura lo aiuta a crescere spiritualmente.

Quando sono piccoli, i bambini s'impegnano spesso nello studio per paura che il maestro li punisca se non lo fanno. Questa paura li aiuta a vincere la pigrizia e a lavorare sodo per apprendere e riuscire brillantemente negli studi. Crescendo, quando frequentano le superiori, questo timore scompare, ma a quel punto i ragazzi hanno sviluppato sufficiente discernimento per proseguire negli studi senza più il pungolo della paura. I giovani provano solo rispetto e ubbidiscono ai professori. La maggior parte dei devoti ha questo atteggiamento nei confronti di Dio.

Man mano che si procede sulla via della devozione, la *bhaya bhakti* si trasforma in devozione piena d'amore (*prēma-bhakti*). In questa forma di devozione non c'è assolutamente paura. L'amore per Dio porta ad accogliere di buon grado e con gioia perfino una Sua punizione. L'intensità di questa devozione è tale che distrugge ogni tendenza a commettere errori. Un vero devoto è come un bambino piccolo che riposa in grembo ad una mamma amorevole, dimentico di tutto.

5. Rituali e tradizioni

Figli, nel nostro Paese vi sono sempre più persone che credono in Dio, sempre più gente che frequenta luoghi di culto. Al tempo stesso non sembra che vi sia anche un aumento della consapevolezza spirituale che si riflette nella vita quotidiana. Al contrario, si ha la sensazione che vi sia un declino dei valori, una crescente corruzione e attaccamento ai piaceri dei sensi.

La nostra coscienza religiosa pare per lo più correlata con rituali ed usanze. In genere, la maggior parte delle persone non sembra aver compreso e assimilato correttamente i princìpi spirituali, né mostra una grande consapevolezza dei valori. Perfino la conoscenza che viene diffusa nei luoghi di culto sembra favorire uno spirito di parte invece che la consapevolezza dei valori. Migliaia di persone sono pronte a morire per la loro religione, ma poche sono disposte a vivere secondo i princìpi e i valori spirituali. Questa è la ragione principale del degrado dei valori nella società.

La maggior parte dei devoti non ha una vera conoscenza dei princìpi fondamentali della religione. Molti si limitano a seguire ciecamente le pratiche religiose dei loro antenati. Un giorno un giardiniere chiamò quattro suoi operai e assegnò a ciascuno un compito: il primo doveva scavare delle buche, il secondo piantarvi dei semi, il terzo innaffiarli e il quarto coprire le buche con la terra. Tutti si misero al lavoro: il primo operaio scavò le buche. Il secondo era in ritardo, ma il terzo operaio non lo sapeva e così annaffiò le buche e il quarto le coprì. Lavorarono invano.

L'obiettivo era seminare e far crescere le piantine, ma il secondo operaio non aveva piantato i semi! Molte persone religiose sono così, ovvero seguono la procedura dei rituali senza però cercare di assimilare ed applicare i princìpi spirituali. In tal modo, anche se il numero dei credenti è in aumento, non sembra che la società stia fruendo dei benefici della devozione.

Lo scopo principale delle tradizioni e dei rituali è indurre a ricordare Dio ed instillare valori nobili. Le usanze aiutano a promuovere le buone abitudini. Osservarle, rende disciplinata e ordinata la nostra vita. Detto questo, dobbiamo prima sforzarci di comprendere i princìpi spirituali che stanno alla base delle usanze.

Finché siamo identificati con il corpo, abbiamo bisogno di seguire tradizioni e rituali. Non è sufficiente affermare che tutto è Dio o *Brahman*, l'Essere Supremo, perché non abbiamo fatto l'esperienza di questa verità. Proprio come le immagini e le palline del pallottoliere sono ausili per insegnare ai bambini a contare, le tradizioni e i rituali servono ad educare la mente.

A Dio non importa se osserviamo o non osserviamo le tradizioni e i rituali. Siamo noi che ne abbiamo bisogno per crescere interiormente. Le tradizioni e i rituali sostengono valori nobili e salvaguardano il benessere della società. Se non ci fossero, il *dharma* (rettitudine) scomparirebbe.

6. Iṣhṭa-dēvatā

Figli, ogni religione ha una sua concezione di Dio. In verità, Dio non ha né nome né forma. È privo di forma e di attributi. Tuttavia, non è facile adorare un Dio senza forma e senza attributi. Per coltivare la devozione e la concentrazione abbiamo bisogno di rivolgerci a una qualche forma del Divino. Ogni devoto ha il diritto di adorare la forma del Divino che preferisce. La *iṣhṭa-dēvatā upāsanā* è l'adorazione della forma di Dio prediletta.

Come l'alta marea dell'oceano è dovuta all'attrazione gravitazionale della luna sulla Terra, Dio assume molte forme in risposta all'ardente desiderio del devoto. Se concepito come il Signore Śhiva, apparirà in quella forma e se adorato come Dēvī si manifesterà come la Dea. Visualizziamo pure qualsiasi forma, ma dobbiamo avere fede in quella forma. Se adoriamo la nostra *iṣhṭa-dēvatā* ritenendola la personificazione del Sé supremo, la nostra adorazione culminerà nella visione del Sé. Possiamo paragonare la forma a una scala che ci porta al senza forma. Proprio come le ombre scompaiono a mezzogiorno, la forma si fonde nel senza forma quando la concentrazione sfocia nella meditazione.

Invece di adorare diverse divinità, dobbiamo adorare la nostra *iṣhṭa-dēvatā*, considerandola il Supremo e considerare le altre forme del Divino come aspetti diversi della nostra *iṣhṭa-dēvatā*. Passare da una divinità all'altra ritarda i benefici che otteniamo con la nostra adorazione. La forma della divinità prescelta e il mantra associato devono radicarsi nella nostra mente. Se vogliamo scavare un pozzo per estrarre dell'acqua, non ha senso scavare piccole buche qua e là. Troveremo l'acqua solo scavando profondamente in un unico punto. Dobbiamo adorare la nostra *iṣhṭa-dēvatā* con una devozione esclusiva e considerarla l'Essere Supremo. Questo è il principio spirituale dietro l'invocazione dei pellegrini diretti a Śhabarimala che gridano "Swāmiyē Śharaṇam Ayyappa!", "Concedici rifugio, o Signore Ayyappa!", in qualunque tempio visitino.

Solo amandola, la nostra forma prediletta del Divino apparirà chiara nel nostro cuore. Dobbiamo pregare costantemente per avere la visione della nostra divinità amata. Un devoto di Dio dovrebbe comportarsi come l'innamorato verso la sua amata. Se ha visto la sua amata vestita con un sari blu, il colore blu gli ricorderà ogni volta lei. Che stia dormendo o sia sveglio, penserà solo a lei. Non appena si sveglia, l'avrà in mente e quando si lava i denti o sorseggia il caffè, penserà a cosa stia facendo la sua amata in quel momento. Dobbiamo avere lo stesso amore appassionato e totalizzante per la nostra divinità al punto da non riuscire a pensare a qualcuno o a qualcosa che non sia la nostra *iṣhṭa-dēvatā.*

Anche la zucca amara perde il suo naturale sapore amaro e diventa dolce se immersa a lungo in uno sciroppo di zucchero. Allo stesso modo, meditando e ricordando costantemente la propria *iṣhṭa-dēvatā*, il devoto diventa uno con Dio.

7. Umiltà

Figli, l'umiltà è la prima qualità da coltivare. Solo chi è umile può ricevere la grazia di Dio. Il nostro sguardo, le nostre parole e le nostre azioni devono essere umili. In India, si può vedere il falegname che tocca con riverenza lo scalpello prima di cominciare a lavorare o i musicisti che si inchinano ai loro strumenti musicali prima di suonarli. Gli antichi saggi ci hanno lasciato in eredità una cultura che ci insegna a venerare ogni cosa per arrivare così a distruggere il nostro ego.

Mentre compiamo un'azione, non dobbiamo permettere che sorga il pensiero: "La sto compiendo io", ma coltivare la consapevolezza che è la forza prestataci da Dio che ci consente di agire. Dobbiamo arrivare a considerare il lavoro come un atto di adorazione. L'umiltà e la semplicità attirano la Sua grazia.

C'era una volta un *Mahātmā* (anima spiritualmente illuminata) estremamente umile. Qualsiasi cosa accadesse, rimaneva umile e accettava con modestia sia le lodi che gli insulti. Un giorno, un *dēvatā* (essere celeste) apparve davanti a lui e gli disse: "Sono compiaciuto della tua umiltà. Ti concederò una grazia. Cosa desideri?".

Il *Mahātmā* declinò l'offerta, ma quando il *dēvatā* insistette, rispose: "Possa, a mia insaputa, ogni mia azione diventare una benedizione per il mondo".

"Così sia", disse il *dēvatā* e poi scomparve.

Da quel giorno, qualsiasi cosa su cui cadeva l'ombra del *Mahātmā*, compresa la Terra e tutti i suoi esseri, immobili e non, veniva benedetta. Le terre aride che lui attraversava diventavano verdi, le piante e gli alberi avvizziti ritornavano in vita e si riempivano di fiori e di frutti. I ruscelli lungo i sentieri si riempivano di acqua sorgiva. La presenza del *Mahatma* infondeva forza e rinvigoriva lo spirito di chi era stanco, portava conforto alle madri in lutto e colmava di gioia i cuori dei bambini. Ignaro, il *Mahātmā* continuava a vivere come un uomo comune.

L'umiltà è già dentro di noi, è la nostra vera natura che finora non abbiamo però cercato di risvegliare consapevolmente. Se ci sentiamo ancora restii a comportarci umilmente, la natura ci costringerà a farlo. Quando vivremo esperienze amare nella vita, impareremo a comportarci con umiltà.

Per quante qualità abbia una persona, se manca di umiltà nessuna delle sue doti brillerà. Se invece è umile, sarà benvoluta da tutti anche se ha molti difetti. Come l'acqua che scende a valle, la grazia di Dio fluirà verso di lei.

8. L'ego, il nostro peggiore nemico

Figli, il nostro peggiore nemico è l'ego, che ci priva della nostra umanità. La maggior parte della gente crede che tutto ciò che ha conseguito sia solo grazie all'ego. Le persone potrebbero pensare che nel mondo del lavoro non sia possibile annullare completamente l'ego. Ciò nonostante, dovremmo sforzarci di tenerlo sotto controllo. A prescindere da dove lavoriamo, dobbiamo imparare a gestire con maturità il senso dell'io, il nostro egoismo. Altrimenti questo io danneggerà sia l'individuo che la società.

Prendiamo ad esempio una famiglia in cui il capofamiglia non dà importanza agli altri membri né rispetta le opinioni della moglie e dei figli. In quella casa regneranno la pace e la felicità? No, ci saranno solo conflitti, dispute e discordia in quel minuscolo mondo formato da tre o quattro persone.

Nel mondo degli affari, in politica o altrove, il problema più grande è la cieca competizione tra le persone che vi lavorano. La radice di questo problema è un ego sfrenato. Questa rivalità è presente anche tra i membri dello stesso partito, tra i partiti rivali e fra i soci di imprese. Un individuo o diverse persone intraprendono un braccio di ferro al fine di primeggiare sugli altri. In tali situazioni, li vediamo usare tattiche per tormentare abilmente e senza pietà i loro avversari, psicologicamente o perfino fisicamente, e ostentare il proprio potere. Sono pronti a tutto per affermarlo e diventano insensibili al dolore e alle sofferenze degli altri. Vedere e pensare basandosi su una visione ristretta che dà importanza solo all'io e al mio fa perdere la capacità di essere tolleranti, di perdonare ed essere empatici. Quando ogni nostro pensiero è rivolto esclusivamente ad ottenere qualcosa a tutti i costi, non ci faremo scrupoli a ferire qualcuno per trarne un vantaggio personale.

Ecco una storia che Amma ha sentito raccontare: un uomo si recò dal suo avvocato per discutere alcuni punti legati alla sua causa. Preoccupato su come stesse andando il processo, disse al legale: "Non penso si possa vincere la causa, ma lei deve trovare un modo per riuscirci". Dopo qualche minuto di pausa, aggiunse: "Mi sembra di avere capito che il giudice che emetterà la sentenza sia appassionato di cricket. E se gli offrissimo un biglietto aereo in business class per andare a vedere l'incontro India-Australia in Australia?".

A queste parole, l'avvocato rispose: "Il giudice è molto fiero della sua onestà e imparzialità. Impossibile corromperlo. Un tale atto lo indignerebbe e si ritorcerebbe contro di lei. Può quindi ben immaginare il risultato". L'uomo vinse la causa e per festeggiare invitò l'avvocato a pranzo. "Come si sente adesso? Cosa sarebbe successo se gli avesse offerto un biglietto gratuito per andare ad assistere alla partita in Australia? Può immaginare quale sarebbe stato l'esito del processo!" disse l'avvocato. L'uomo rispose: "Oh, stavo proprio per dirglielo. La ringrazio tantissimo per il suo prezioso consiglio. In effetti ho inviato al giudice un biglietto gratuito, ma a nome del mio avversario!".

Figli, tali bassezze ci fanno sprofondare ancora di più nella fossa oscura dell'ego e nuocciono sia a noi che alla società. E soprattutto, in tal modo sacrifichiamo la nostra integrità.

L'ego è come una prigione. Chi non ha nessun controllo sull'ego non potrà mai gustare la gioia e la pace della libertà. Costui possiederà forse beni materiali, ma non si sentirà mai in pace né sarà mai soddisfatto perché penserà solo a se stesso e a quello che può ottenere. La sua mente sarà come la cella di una prigione. La vera libertà consiste nell'essere liberi dall'ego. Solo la spiritualità può darci questa libertà.

Osservare i princìpi spirituali non comporta il rifiuto della prosperità materiale. Colui che segue sinceramente il cammino spirituale non mancherà di adempiere al suo dovere verso la società e gli altri anche mentre è impegnato ad acquisire beni materiali. Invece di pensare solo a se stesso e a ciò che è suo, cercherà di comprendere il dolore e le sofferenze degli altri e si sforzerà di mostrare loro amore e compassione. Sentirà che è una sua responsabilità aiutare chi è nel bisogno. Una tale persona non sarà schiava dell'ego e farà del suo meglio per superare i limiti che esso impone.

Figli, in realtà, l'ego è un fardello. Una volta compreso questo, non sarà difficile deporlo. La maggior parte della gente non si accorge né comprende che cosa ciò significhi. Sentiamo persone dire, quando parlano di qualcuno: "Che ego ha quel tizio!". Se invece diventassimo consapevoli di "Che ego ho io!", l'ego cesserebbe di esistere e potremmo così fare l'esperienza della vera libertà.

9. L'ego

Figli, molte persone dicono ad Amma: "Non sono in grado di ridere di cuore. Non riesco ad aprire il mio cuore a nessuno quando parlo. Sono sempre triste".

Le stelle brillano nel cielo, i fiumi scorrono felici, i rami degli alberi danzano al vento e gli uccelli cantano. Chiedetevi: "Perché sono così triste pur essendo immerso in questa gioiosa celebrazione?".

Se ci guardiamo intorno, vediamo che nella natura tutte le creature vivono nella gioia tranne gli esseri umani. Gli alberi e le piante ondeggiano felici alla brezza e gli uccelli cantano spensierati. I fiumi scorrono gorgogliando. Tutto è un inno alla gioia. Perché gli esseri umani si sentono soli e infelici pur tra tanta gioia?

La natura non è appesantita dal fardello dell'ego ed è priva del senso dell'io. Solo gli esseri umani hanno l'ego. Se continuiamo ad aggrapparci all'ego, continueremo a sentirci infelici. Se lo abbandoniamo, potremo condurre una vita spensierata e gioiosa.

Finché manteniamo il senso egoico dell'io non possiamo trovare la vera forza dentro di noi. Se le tende sono chiuse, non possiamo vedere il cielo. Se invece le apriamo, lo vedremo. Allo stesso modo, possiamo vedere il nostro vero sé solo se ci liberiamo dell'ego.

Terrorizzato dalla morte, uno scultore si mise a pensare a come sfuggirla. Alla fine trovò una soluzione: scolpì dodici statue che lo raffiguravano a grandezza naturale e quando la morte si avvicinò l'uomo si mise tra le statue. Quando il dio della morte arrivò per portare via la vita dello scultore, vide tredici figure identiche. Non riuscendo a trovare lo scultore, il dio della morte si fermò a riflettere. "Queste statue sono eccezionali, ma ognuna ha un difetto", esclamò.

A queste parole, lo scultore reagì e gridò: "Come? Le mie statue difettose? Quale difetto?".

Il dio della morte rispose: "Questo è il difetto", rispose il dio della morte togliendogli la vita.

Pensare di essere gli autori delle nostre azioni genera insoddisfazione. Rivendicare la paternità delle nostre azioni ci incatena. Che si tratti di celebrare una *pūjā*, un rituale di adorazione, o di pulire lo scarico, affermare di essere colui che lo fa inquina la mente e rende difficile anche una sua purificazione. Dobbiamo cercare di fare tutto come un'offerta a Dio. Solo così la nostra mente diventerà pura. Una volta saliti sull'autobus, non c'è bisogno di continuare a portare il peso del nostro bagaglio: posiamolo. Allo stesso modo, una volta preso rifugio in Dio, offriamogli il peso del nostro ego e liberiamoci dal dolore.

10. Vincere le debolezze

Figli, è naturale commettere errori. A volte il nostro comportamento e le nostre azioni potrebbero essere inadeguati. Potremmo anche avere difetti caratteriali. Tuttavia, la maggior parte della gente giustifica le proprie azioni quando commette errori, inciampa o fallisce e fa il possibile per nascondere le proprie mancanze. Potrebbe persino sostenere che l'errore non era suo, ma di qualcun altro. Però, gettare la colpa su un'altra persona non ci aiuta a superare i nostri difetti. Ad esempio, le esperienze amare dell'infanzia possono lasciare cicatrici indelebili nella mente e alterare persino il nostro carattere. Biasimare i genitori o altri non risolve il problema. Le nostre debolezze potrebbero addirittura accentuarsi e compromettere i rapporti con gli altri.

Dopo aver visitato un paziente, il medico gli disse: "Sarà difficile curare completamente questa malattia perché è ereditaria".

Il paziente interruppe subito il medico dicendo: "Se è così, la prego d'inviare il conto delle cure mediche ai miei genitori!".

L'uomo non aveva pensato a cosa avrebbe potuto fare per gestire la malattia e considerò subito i suoi genitori responsabili. Dimenticò il fatto che seguire una terapia, fare esercizio fisico regolare e controllare la dieta avrebbero potuto tenere il male sotto controllo. Molti di noi reagiscono allo stesso modo di fronte alle proprie inadeguatezze e debolezze.

Sono l'ego e il falso orgoglio che ci inducono a coprire i nostri sbagli e a biasimare gli altri. Ecco perché l'ego va distrutto. Se non lo facciamo, andremo incontro a una sconfitta sia nella vita spirituale che in quella terrena. Quando subiamo un insuccesso, dobbiamo rivolgerci all'interno e cercare di individuare i nostri punti deboli e le nostre inadeguatezze per poi affrontarli con coraggio. Dobbiamo anche impegnarci sinceramente per correggerli. Riconoscere, affrontare e superare le nostre mancanze sono le tre fasi di questo processo.

Non nascondiamo le nostre pecche dando la colpa agli altri. Se abbiamo una mente aperta che ci consente di assumerci la responsabilità delle nostre mancanze e ci sforziamo, possiamo superarle.

11. Il rimorso

Figli, errare è umano. Non c'è nessuno che non abbia sbagliato nella vita. Fare ciò che non si dovrebbe fare o non fare ciò che si dovrebbe sono entrambi comportamenti inadeguati. Alcuni commettono errori senza volerlo, altri quando sono sotto pressione. Ad ogni modo, il primo passo per correggerli è prenderne coscienza.

Non appena ci rendiamo conto del nostro errore, dobbiamo pentirci. Il pentimento è una forma di riparazione. Non c'è peccato che non possa essere lavato via dalle lacrime del rimorso. Detto questo, una volta che sappiamo cosa è giusto, non ripetiamo i nostri errori e pentiamoci sinceramente. Alcuni fingono di provare rimorso quando sono di fronte agli altri.

Un giovane divenne un borseggiatore. Questa cattiva abitudine spezzava il cuore a sua madre. La donna gli chiese di andare in un tempio, confessare questo peccato al sacerdote e chiedere perdono. Dopo aver rubato il portafoglio ad un uomo d'affari, il giorno dopo il ragazzo andò dal sacerdote e gli disse: "Ieri ho peccato. Ho rubato il portafoglio di un uomo d'affari".

A queste parole, il sacerdote rispose: "Hai commesso un crimine terribile. Cerca subito quell'uomo e restituiscigli il portafoglio!".

Il ragazzo trovò l'uomo d'affari, gli ridiede il portafoglio e tornò a casa. Quella sera, la madre vide che il figlio stava contando un bel mazzo di banconote. Quando gli chiese come avesse ottenuto così tanto denaro, lui rispose: "Quando sono andato a confessare il furto, ho preso il denaro dalla cassetta vicino al sacerdote".

Il nostro pentimento non dovrebbe essere così. Dev'essere sincero. Non appena ci accorgiamo di avere sbagliato, dobbiamo riprometterci di riparare all'errore e di non ripeterlo più. Ogni volta che siamo tentati di compiere una cattiva azione, la nostra coscienza ci sussurra dolcemente: "Non farlo, lascia perdere!". Se diamo ascolto alla nostra coscienza, non agiremo malamente.

A volte sbagliamo per ignoranza. Dio perdonerà tali peccati, ma se continuiamo a ripeterli, non ci perdonerà. Pertanto, non commettiamo gli stessi sbagli.

La vita umana è un viaggio che va dall'errore alla verità. Anche se ci capita di sbagliare, sforziamoci poi di correggerci. Dobbiamo cercare di avere pensieri, parole e azioni nobili. Dobbiamo pentirci e correggere anche un piccolo errore. Questo è l'unico modo per ottenere la vittoria finale, una gioia e una pace perenni.

12. La via alla pace

Figli, tutti noi aspiriamo alla pace e alla felicità. Ciò nonostante ci troviamo spesso a dover affrontare il dolore, la frustrazione e l'amarezza. Perché non siamo capaci di sentirci in pace e felici?

Se vogliamo godere della pace e della felicità dobbiamo prima avere una corretta comprensione della vita. Per quanto denaro abbia un uomo, non gli servirà a nulla se non sa a quanto ammontano i suoi beni. Allo stesso modo, finché non siamo consapevoli della nostra vera natura, non possiamo vivere in armonia nel mondo e compiere adeguatamente il nostro *dharma* (dovere nella vita).

Un gruppo di persone stava camminando verso un villaggio lontano. Dopo un po' arrivò in una foresta dove vicino c'era un laghetto. Tutti lasciarono le loro cose sulla riva e andarono a fare una nuotata. Quando tornarono, videro che i loro averi erano scomparsi. I ladri avevano rubato tutto! Il gruppo si mise subito al loro inseguimento. Lungo la strada videro un *Mahātmā*, un'anima spiritualmente illuminata, che riposava all'ombra di un albero. Gli chiesero se avesse visto i ladri passare da quella parte. Il *Mahātmā* rispose: "Siete sconvolti perché hanno rubato tutte le vostre cose, ma fermatevi un attimo a riflettere: i ladri, che sono lo strumento che ha portato via la vostra felicità, sono dentro o fuori di voi? Volete recuperare ciò che avete perso oppure ottenere una ricchezza che non potrete mai perdere? Pensateci!".

Comprendendo la saggezza delle parole del *Mahātmā*, queste persone divennero suoi discepoli.

In ognuno di noi c'è una ricchezza sconfinata, ma non essendone consapevoli andiamo di qua e di là cercando la felicità negli oggetti del mondo. Alcuni s'impegnano a fondo per acquisire ricchezza e potere, altri per avere un buon nome ed essere famosi. Tutti credono erroneamente che una volta raggiunti i loro obiettivi saranno in pace e felici, ma la felicità non è qualcosa che si ottiene dagli oggetti. In effetti, i desideri ostacolano la vera felicità, che si sperimenta solo quando la mente smette di volere una cosa o l'altra. Questa comprensione dev'essere ben chiara perché è il primo passo verso la pace e la felicità.

Il Sé è la fonte della beatitudine eterna e della pace. Non sapendolo, alcuni cercano conforto nel bere e nella droga e così facendo non solo rovinano la propria vita, ma anche la loro famiglia e la società. La spiritualità ci fornisce una comprensione di chi e cosa siamo veramente. Tale comprensione ci rende consapevoli delle nostre responsabilità. Solo allora possiamo vivere in modo da essere di beneficio a noi stessi e al mondo.

13. Le prove della vita

Alcune persone dicono: "Da anni mi reco nei templi. Eppure sono sempre povero e pieno di problemi. A volte mi chiedo addirittura perché dovrei pregare Dio!".

Ci affidiamo davvero a Dio? Se lo facessimo, godremmo di un benessere materiale e spirituale. Nessun *Mahātmā* è mai morto di fame. La vita di chi si è abbandonato a Dio non sarà mai piena di dolore. Potremmo chiederci se Kuchēla soffrisse perché viveva nella miseria. Questa è una domanda mal posta: Kuchēla[3] non aveva tempo per piangere sulla sua condizione perché la sua mente era sempre immersa in Dio! Il suo amore innocente per Dio gli diede la forza di rimanere nella gioia pur vivendo nella miseria. Questo suo abbandono lo liberò dalla povertà a cui era destinato e attrasse la prosperità nella sua vita.

Nessuno di noi si reca nei templi mosso dal desiderio di avere il darshan del Signore. Anche quando siamo davanti a Lui, gli raccontiamo solo dei fatti che riguardano il mondo. La nostra devozione non è pura e disinteressata: preghiamo affinché i nostri desideri siano soddisfatti. Con questo non voglio dire che non dobbiamo avere desideri, ma il nostro amore per Dio dev'essere così forte che la loro realizzazione passa in secondo piano.

Un giorno il Signore Kṛiṣhṇa era seduto sulla riva del fiume Yamunā con le *gōpī* (pastorelle) che ascoltavano estasiate le

---

[3] Un devoto poverissimo del Signore Kṛiṣhṇa. Le benedizioni del Signore lo resero ricchissimo.

Sue dolci parole. Sri Kṛiṣhṇa chiese loro: "Come vi comportate quando incontrate dispiaceri e difficoltà?".

Io prego così: "Ti prego, o Signore, di rimuovere i miei dolori", rispose una *gōpī*.

Io invece dico: "Ti prego, o Signore, di essere sempre al mio fianco. Anche se il caldo dell'estate è asfissiante, non se ne sente l'intensità se soffia una brezza fresca. Allo stesso modo, quando il Signore è con me, nessuna delle prove della vita mi turberà" rispose un'altra pastorella.

Una sua compagna intervenne dicendo: "Quando arrivano le sofferenze, prego il Signore di avere la forza di affrontarle".

Rādhā ascoltava queste risposte in silenzio. Il Signore le chiese: "Radhā, perché non dici nulla? Come affronti la sofferenza?".

"Medito sul Signore che è dentro di me e Lo ricordo nel mio cuore".

"Non preghi per ottenere nessuna grazia?".

"Quando la Tua forma risplende luminosa nel mio cuore, dov'è il posto per il dolore? Quando sorge il sole, l'oscurità si dissolve naturalmente. Non ho mai sentito il bisogno di pregare per qualcosa".

Un vero devoto non si preoccupa mai delle difficoltà della vita. Completamente abbandonato a Dio, rimane spensierato, come un bambino che riposa in grembo alla madre.

14. Il tempo, la ricchezza più grande

Figli, la nostra ricchezza più grande è il tempo. Se perdessimo un milione di dollari, potremmo riuscire a recuperare tale somma, ma non potremo mai recuperare il tempo perduto. Molti si rendono conto del valore del tempo solo negli ultimi momenti della loro vita.

Alessandro Magno, che conquistò il mondo intero, capì il valore del tempo solo sul letto di morte. Rendendosi conto che la morte avrebbe potuto coglierlo da un momento all'altro, disse a quelli che lo circondavano: "Se qualcuno può prestarmi anche un solo respiro, sono pronto a ricompensarlo con metà del mio regno. Con l'intento di conquistare diversi Paesi e accumulare ricchezze, ho sprecato il mio tempo prezioso e la mia salute. Ora mi rendo conto che non posso allontanare la morte nemmeno per un istante, nemmeno con tutte le mie ricchezze".

Solo l'esperienza può insegnarci il valore del tempo. Se ne comprendessimo veramente il valore, faremmo tesoro di ogni momento considerandolo una ricchezza inestimabile.

Un uomo ricevette una lettera in cui gli si chiedeva di presentarsi a un colloquio per un lavoro che desiderava da molto tempo. Per raggiungere la città in cui si teneva il colloquio, doveva prendere due aerei. Tra i due voli c'era un intervallo di mezz'ora. Si recò in un ristorante dell'aeroporto per mangiare qualcosa. Quando vide che gli avevano addebitato 500 rupie, esclamò: "Questo è troppo! Non ho mangiato così tanto!". Vedendo la sua agitazione, la cassiera detrasse dal conto cento rupie. Ciò nonostante l'uomo insistette dicendo che non avrebbe pagato più di 300 rupie. Non avendo altra scelta, la cassiera alla fine cedette. Trionfante per avere avuto la meglio, l'uomo si diresse sorridendo verso il cancello d'imbarco. Quando lo raggiunse, apprese che il volo era partito cinque minuti prima. Facendosi coinvolgere da inezie, aveva dimenticato quale fosse il suo obiettivo e così aveva perso l'opportunità di ottenere il lavoro che sognava da anni.

Alcuni si lamentano dicendo che stanno passando un periodo nero, che il tempo è loro sfavorevole. Il tempo è sempre propizio. Siamo noi a non stringere amicizia con il tempo. Siamo noi a decidere se il tempo è favorevole o sfavorevole verso di noi. Non rendendocene conto, diventiamo schiavi delle circostanze. Se ci sediamo e aspettiamo che arrivino tempi migliori, non coglieremo le molte buone occasioni che si presenteranno. Non aspettate il momento giusto per compiere una buona azione. Se è per una buona causa, fatela subito.

15. La libertà dal dolore

Figli, consapevolmente o meno, cerchiamo la felicità attraverso ogni azione. Vogliamo essere liberi dalla sofferenza, anche se non sempre la nostra è una ricerca consapevole.

Ogni esperienza dolorosa ha con sé un messaggio. Immaginiamo di stare lavorando in cucina e senza volerlo tocchiamo un fornello acceso e ci scottiamo la mano. Supponiamo di non sentire dolore. Cosa succederebbe? È perché avvertiamo dolore che ritiriamo subito la mano dal fornello. Allo stesso modo, il dolore e la tristezza che proviamo nella vita quotidiana ci ricordano che "è ora di cambiare!". Di solito cerchiamo di apportare cambiamenti esterni; farlo potrebbe darci una tregua dai nostri dolori. Se però vogliamo liberarci dal dolore una volta per tutte, dobbiamo cambiare radicalmente la nostra prospettiva e il nostro atteggiamento.

Un devoto era solito visitare regolarmente un *Mahātmā* e lamentarsi dei suoi problemi. Un giorno, quando iniziò a lamentarsi, il *Mahātmā* lo interruppe dicendo: "Portami un bicchiere d'acqua e una manciata di sale". Quando l'uomo li portò, il *Mahātmā* disse: "Versa metà del sale nell'acqua e mescola bene. Poi bevi l'acqua e dimmi che sapore ha".

Dopo avere fatto ciò che gli era stato chiesto, il devoto esclamò: "È troppo salata. È imbevibile!".

Il *Mahātmā* lo portò allora sulla riva di un lago e gli disse: "Versa il resto del sale in questo lago e poi bevi un sorso d'acqua".

Dopo averla bevuta, il devoto disse che l'acqua era fresca e pura.

"L'acqua non è salata?" gli chiese il *Mahatma.*

"Per niente!" rispose l'uomo.

"Vedi", spiegò il *Mahātmā*, "il sale è paragonabile ai dolori della vita e l'acqua dolce alla nostra gioia innata. L'acqua nel bicchiere è diventata imbevibile dopo che hai aggiunto un po' di sale, ma se versi la stessa quantità di sale in un lago, il sapore di quell'acqua non cambia. Al presente, la tua mente è limitata come il bicchiere. Se la ampli, rendendola vasta come il lago, risvegli la felicità che è già in te e nessun dolore potrà scuoterti".

La felicità è il nostro stato naturale, ma quando diamo eccessiva importanza a eventi dolorosi, la nostra mente si sofferma ripetutamente su di essi e veniamo travolti dal dolore.

Lasciate pure che gli uccelli del dolore volino sopra la vostra testa, ma non permettete loro di costruirvi un nido. Invece di rimuginare continuamente sui problemi, impegnatevi in attività creative e aiutate gli altri in qualsiasi modo possibile. La mente si amplierà. Il pesante fardello del dolore vi abbandonerà e farete l'esperienza della beatitudine del Sé.

16. Il servizio disinteressato

Figli, tutte le religioni danno molta importanza al servizio disinteressato, che purifica la mente e ci rende degni della grazia di Dio. Tuttavia, il servizio che svolgiamo dovrebbe essere privo di aspettative. Non dobbiamo aspettarci nemmeno una parola di ringraziamento o di apprezzamento. Se lo facessimo, sarebbe come lavorare per ricevere un salario e non ci aiuterebbe a purificare la mente.

Quando agiamo senza aspettarci alcun guadagno personale, il nostro cuore è momentaneamente privo di egoismo e la nostra attività purifica la mente. Se invece svolgiamo un servizio disinteressato sperando di acquisire *puṇya* (meriti spirituali), riconoscimenti o compensi, lo scopo stesso del servizio viene vanificato.

Molti donano ai templi o alle chiese aspettandosi elogi o riconoscimenti. Ci sono persone che donano tubi al neon ai templi aggiungendovi la scritta "Donato dal Tal dei tali". Poiché il cartello è posto sul tubo, la luce emessa è ridotta. Tali persone vogliono che gli altri sappiano della loro donazione e rimangono male se non vengono almeno ringraziate.

Un uomo ricco andò a pregare in un tempio e poi diede una lauta offerta in denaro al sacerdote senza ricevere alcun ringraziamento né elogio. L'uomo cominciò a dire: "Sono sicuro che nessuno ha mai donato una somma così grande a questo tempio".

Per un po' il sacerdote tollerò la sua vanagloria, ma quando capì che l'uomo avrebbe continuato ancora a lungo, disse:

"Perché si sta vantando così? Si aspetta che io la ringrazi per la sua offerta?".

"Cosa c'è di male nell'aspettarmi almeno una parola di apprezzamento per il denaro che ho donato?", chiese il ricco.

Il sacerdote rispose: "Dovrebbe essere grato al tempio, che ha accettato la sua donazione. Quello che lei ha accumulato è solo una piccola parte della ricchezza che appartiene a Dio. Riceverà la Sua grazia solo se donerà senza orgoglio. Dovrebbe sentirsi grato per aver ricevuto l'opportunità di servire Dio e i Suoi devoti. Se non ci riesce, è meglio che riprenda il suo denaro".

Ciò che dobbiamo offrire a Dio è la nostra mente. Offrire al Signore ciò a cui la mente è attaccata è come offrire la mente stessa. In verità, nulla ci appartiene, tutto è Suo. Dobbiamo esserGli grati per averci dato la capacità e l'opportunità di servire. Quando comprendiamo che anche il nostro corpo, la nostra mente e il nostro intelletto sono doni di Dio, ci liberiamo dell'orgoglio e dell'egoismo. Sbarazzandoci dell'orgoglio, diventiamo meritevoli della Sua grazia.

17. La quiete della mente

Figli, la mente è un flusso di pensieri. Non c'è mai un momento in cui la mente smetta di pensare. A volte il flusso del traffico sulle strade è veloce e intenso, altre lento e tranquillo. Ma non è così per i pensieri. Spesso il flusso dei pensieri non cessa nemmeno durante il sonno. È nella natura della mente rimuginare sul passato ed essere inquieta per il futuro.

Un uomo di mezza età stava viaggiando in treno. Un giovane seduto accanto a lui chiese: "Che ora è?".

A queste parole, l'uomo rispose: "Stia zitto!".

Un passeggero che assisteva a questa scena domandò: "Lui le ha chiesto solo l'ora. Perché si arrabbia tanto per una richiesta tanto semplice?".

L'uomo spiegò: "Sì, mi ha chiesto solo l'ora. Supponiamo che io gliela dica. Inizierà a parlare del tempo e proseguirà commentando i titoli sui quotidiani. Poi parlerà di politica e infine mi farà domande sulla mia famiglia. A quel punto potrei anch'io fare la stessa cosa. Dopo aver fatto conoscenza, potrei invitarlo da me quando arriviamo ed ospitarlo per una notte. Mia figlia è una bella ragazza. Potrebbe innamorarsi di lei o viceversa. Non accetterò mai che mia figlia sposi qualcuno che non possiede nemmeno un orologio! Ecco perché l'ho zittito subito così da evitare ogni altra conversazione".

Se qualcuno ci chiede l'ora, possiamo dirgliela o stare zitti. Che bisogno c'era per quest'uomo di fare così tante congetture sul futuro? La sua mente irrequieta fece perdere la pace anche agli altri passeggeri.

Se la mente ci dice di fermarci mentre camminiamo, le gambe smettono di muoversi immediatamente. Se la mente dice di fermarci mentre battiamo le mani, le mani smettono subito di farlo. Se però chiediamo alla mente di fermarsi, lo farà? No. Dovremmo invece poter riuscire ad arrestarla. È per questo che pratichiamo la meditazione. Così come usiamo un telecomando per accendere e spegnere il televisore e altri apparecchi elettrici, la meditazione può aiutarci a portare la mente sotto il nostro controllo.

E, soprattutto, occorre una mente pacificata per realizzare la nostra vera natura. Solo nella quiete possiamo godere della beatitudine e della pace suprema. Possano i miei figli risvegliarsi a questo stato.

18. Maturità

Figli, quando ci troviamo di fronte a situazioni difficili nella vita, raramente cerchiamo di scoprirne la vera causa. Ma se non lo facciamo, non potremo mai trovare una soluzione definitiva a questi problemi. Ad esempio, se un bambino inizia a piangere perché ha fame e la madre cerca di calmarlo con dei giocattoli, il piccolo verrà distratto finché i morsi della fame aumentano. A quel punto piangerà più forte e smetterà solo quando riceverà del cibo.

Alcune persone ricorrono alle droghe e all'alcol per dimenticare i loro problemi. Queste sostanze intossicanti non solo non risolvono alcun problema, ma fanno anche perdere salute e denaro e distruggono i rapporti familiari.

Due amici stavano conversando. Uno di loro chiese all'altro: "Ho sentito che hai iniziato a bere. Perché?".

L'amico rispose: "Ho molti problemi e cerco di affogare i miei dispiaceri nel bere".

"Quindi sei riuscito ad affogare i tuoi dispiaceri?".

"No, amico mio, i miei problemi hanno imparato a nuotare nell'alcol!".

La causa principale di tutti i nostri problemi è l'ostinato desiderio che tutto vada a modo nostro, secondo i nostri gusti e le nostre preferenze. Questa ostinazione è la fonte di tutte le nostre negatività, quali la collera, l'odio e la gelosia. La testardaggine è simile a un virus informatico che cancella tutti i dati, mina il nostro senso di discernimento e distrugge la nostra tranquillità facendoci perdere il controllo di noi stessi.

Non possiamo cambiare il mondo secondo i nostri capricci e le nostre fantasie. Dobbiamo invece imparare ad adattarci alle circostanze e a rispondere con discernimento. Occorre imparare ad accettare ciò che non si può cambiare. Una rosa profumata è circondata da spine affilate. Volere che un cespuglio di rose non abbia spine, ma solo fiori non ha senso. La notte segue sempre il giorno. Se c'è gioia, ci sarà dolore: vanno accettati entrambi. Una tartaruga non potrà mai comportarsi come un elefante e, allo stesso modo, un elefante non potrà mai essere una tartaruga. Vedete ognuno per quello che è e accettate una tartaruga come una tartaruga e un elefante come un elefante. Non fate salti di gioia per la felicità e non perdetevi d'animo se succede qualcosa di spiacevole. Rimanete soddisfatti e lieti in qualsiasi situazione. La capacità di farlo è ciò che intendiamo per maturità.

La nostra mente diventa matura solo quando smettiamo di essere ostinati. Una mente matura può affrontare i problemi con saggezza: questa è la soluzione definitiva a tutti i problemi della vita.

19. Il vero amico

Figli, il cambiamento fa parte della natura stessa della vita. Nella vita accadono cose belle e brutte senza preavviso. Niente dura per sempre in questo mondo. L'amico di oggi può diventare il nemico di domani. Dio è il nostro unico vero amico. Per quanti parenti o ricchezze abbiamo, non potranno mai darci una felicità duratura. Pertanto, coltiviamo un legame interiore solo con Dio.

Affinché l'acqua giunga a tutte le parti dell'albero, annaffiamo le radici, non i rami. Analogamente, quando amiamo Dio, amiamo tutto il creato. In questo modo, non diventiamo schiavi di un attaccamento eccessivo a nessuno, nemmeno ai nostri cari.

Molti di noi conoscono la storia della palla di fango e della foglia secca che giocavano a nascondino. Anche se è una storia per bambini, racchiude un significato profondo. Mentre la palla di fango e la foglia secca stavano giocando, improvvisamente iniziò a soffiare il vento. La palla di fango pensò preoccupata: "Oh no! La foglia secca volerà via!". Per salvare la sua amica, la palla di fango si sedette sopra la foglia. Dopo un po' cominciò a piovere. La foglia secca coprì la palla di fango per evitare che si sciogliesse. Infine oltre alla pioggia ricominciò a soffiare il vento. E cosa accadde? La foglia volò via e la palla di fango si sciolse.

Anche la nostra vita è così. Quando dipendiamo dagli altri potremmo ricavare piccoli benefici. Ma nessuno sarà in grado di aiutarci in una crisi grave. Il nostro unico rifugio e la nostra unica possibilità di salvezza stanno nell'abbandonarsi al Divino.

Solo tale abbandono assicura una pace e una soddisfazione durature nella vita.

Questo non significa che non bisogna amare il nostro coniuge o i nostri figli o che dobbiamo considerarli come estranei. Amiamoli e proteggiamoli pure, ma non dimentichiamo mai che Dio è il nostro unico e vero amico. Gli altri ci abbandoneranno un giorno o l'altro. Perciò, cerchiamo di dipendere solo da Dio e di vedere tutte le difficoltà che incontriamo come un carburante per la nostra crescita interiore. Se lo facciamo, potremo godere della pace e della felicità anche nella vita familiare.

Dipendere da Dio non significa che non avremo prove o difficoltà nella vita. Le dovremo affrontare, ma saranno notevolmente ridotte. Non solo. Anche nelle avversità riusciremo a non perdere la contentezza e la fiducia in noi stessi.

È sufficiente catturare l'ape regina per far sì che le altre api la seguano. Allo stesso modo, se dipendiamo da Dio, attrarremo la prosperità spirituale e materiale.

20. Il Signore Rāma

Figli, quando l'*adharma* (malvagità) prospera e il *dharma* (rettitudine) declina, Dio si incarna sulla Terra per ripristinare il *dharma*. Si ritiene che Śhrī Rāma, nato migliaia di anni fa il nono giorno del mese di Chaitra (marzo-aprile), sia l'incarnazione stessa del *dharma*.

Gli *avatār* (incarnazioni di Dio) insegnano alle persone con il loro esempio e riflettono i limiti dell'epoca in cui vivono. Come tutti, anch'essi devono subire prove e tribolazioni nella vita. Non ci insegnano come eludere i problemi, bensì come conviverci senza scendere a compromessi con i propri ideali e valori. Ci mostrano come affrontare le prove della vita con una compostezza imperturbabile. Pertanto, le loro vite sono una fonte d'ispirazione per seguire il cammino del *dharma*.

Molta gente potrebbe chiedersi perché il Signore Rāma abbia inseguito il cervo dorato se era onnisciente. Non sapeva che fosse il demone Mārīcha sotto mentite spoglie? Fu allora che Sītā fu rapita. Il Signore Rāma assunse la forma umana con tutte le sue stranezze e debolezze. Pertanto, come altri esseri umani, anche Lui manifestò conoscenza e ignoranza, forza e debolezza. Una volta iniziato a giocare, non si possono cambiare le regole a metà del gioco, giusto?

Amma ricorda una storia. Un principe stava giocando a nascondino con i suoi amici nel giardino del palazzo. Immerso nella gioia del gioco, dimenticò se stesso. Quando fu il suo turno di trovare gli amici, corse di qua e di là cercandoli a lungo in molti posti senza trovarne nemmeno uno. Un assistente che stava osservando la scena gli chiese: "Principe, perché deve sforzarsi così tanto per trovare i suoi amici? Ordini loro di mostrarsi a lei ed essi lo faranno subito, giusto? Non deve far altro che esercitare la sua autorità e comandarli una sola volta".

A queste parole, il giovane principe guardò l'uomo compatendolo e rispose: "Se lo facessi, che divertimento ci sarebbe?".

Proprio come le altre persone, anche i *Mahātmā* affrontano gioie, dolori, sfide, problemi e limitazioni nella propria vita per permettere agli altri di avvicinarsi e stabilire un legame personale con loro.

In verità, gli *avatār* vengono con uno scopo che va oltre la salvaguardia del *dharma*: vogliono risvegliare la devozione nei cuori umani. Affascinano le persone attraverso i loro incantevoli *līlā* (giochi divini). Sin dall'infanzia cresciamo stringendo legami con gli altri. Il nostro primo legame è con nostra madre. Poi stabiliamo legami con nostro padre, con i fratelli e gli altri. In tal modo diventa facile per noi connetterci a Dio in forma umana. È così che Śhrī Rāma e Śhrī Kṛiṣhṇa si sono conquistati un posto nei cuori umani ed è attraverso di loro che è fiorita nel mondo la cultura della devozione.

I modi in cui il Signore Rāma gestì ogni situazione della vita sono lezioni che dobbiamo imparare. La Sua vita ci insegna come bisogna comportarsi con i propri genitori, fratelli e amici, nelle crisi morali e qual è il comportamento ideale di un re verso i suoi sudditi. Śhrī Rāma non fece salti di gioia quando seppe che sarebbe stato incoronato re, né si perse d'animo quando la prospettiva di regnare gli fu strappata di mano. Continuò ad agire con amore e rispetto persino nei confronti di Kaikēyī, che era stata determinante in questo cambiamento del suo destino. Quindi il Signore Rāma è stato un esempio ideale e completo dei valori più nobili che dovremmo seguire nella vita.

Il consiglio a Lakṣhmaṇa

La storia di Śhrī Rāma affascina ed eleva i cuori di milioni di persone da secoli. I *Mahātmā* agiscono con straordinaria presenza di spirito, coraggio e intelligenza pratica in circostanze che confonderebbero la gente comune. Rivelano anche una compassione sconfinata e una pazienza infinita. *Lakṣhmaṇōpadēśha*, il consiglio che Śhrī Rāma diede a Lakṣhmaṇa, è uno di questi esempi.

Quando Rāma venne a sapere che sarebbe stato esiliato nella foresta per onorare le parole del padre Daśharatha, si preparò con estrema compostezza, senza provare collera né risentimento. I muscoli del Suo viso non mostravano la più piccola tensione. Ma Lakṣhmaṇa, che vedeva e adorava Rāma come Dio, iniziò a ribollire di rabbia e odio verso Daśharatha e Kaikēyī, che stavano mandando in esilio Rāma per quattordici anni. Avendolo notato, Śhrī Rāma accarezzò affettuosamente il suo amato fratello minore. Il Suo tocco calmò un po' Lakṣhmaṇa. Ogni parola che il Signore Rāma pronunciò in seguito e ogni Suo gesto furono così perfetti che avrebbero potuto essere quelli di un esperto psicologo.

Ogni emozione produce le sue proprie vibrazioni. Le vibrazioni di affetto che una madre ha per il suo bambino sono diverse da quelle che emana un uomo arrabbiato o un ubriacone. Le vibrazioni della lussuria sono ancora diverse. Śhrī Rāma aveva un temperamento mite e pacifico. Pertanto, non c'è da meravigliarsi se la Sua presenza e il Suo tocco produssero un cambiamento nella mente di Lakṣhmaṇa.

Inizialmente Rāma non diede a Lakṣhmaṇa alcun consiglio spirituale: sapeva che nessun consiglio può entrare nella mente di un uomo arrabbiato. Prima bisogna farlo calmare. Solo una mente calma può ascoltare e capire. Invece di chiamare Lakṣhmaṇa "Daśharathātmaja" (figlio di Daśharatha), Rāma lo chiamò "Saumitra" (figlio di Sumitrā). Furioso con suo padre e Kaikēyī per l'ingiustizia inflitta al fratello maggiore, Lakṣhmaṇa aveva già sguainato la spada. Se in quel momento Rāma avesse anche solo menzionato il nome di Daśharatha, la rabbia di Lakṣhmaṇa sarebbe raddoppiata! Rāma sentiva che ricordandogli sua madre, la personificazione stessa della saggezza e della maturità, la furia di Lakṣhmaṇa si sarebbe placata. Ecco perché lo salutò come "Saumitra".

I *Mahātmā* non si limitano a fornire soluzioni ai problemi del loro tempo, ma usano tali questioni come pretesto per impartire verità eterne che possono aiutare a risolvere i problemi ultimi della vita. Rāma adottò questo approccio nel consiglio che diede a Lakṣhmaṇa.

Questa fu anche la tattica che Śhrī Kṛiṣhṇa usò con Arjuna, pietrificato dalla prospettiva di combattere la guerra di Kurukṣhētra. Attraverso Lakṣhmaṇa e Arjuna, i Signori Rāma e Kṛiṣhṇa hanno mostrato all'umanità la vera via per la pace e la vittoria.

Rāma-rājya

L'umanità ha sempre sognato una società in cui prevalgono pace e prosperità e dove chi governa protegge i suoi cittadini come i suoi stessi figli. Ecco perché, ancora oggi, ricordiamo il regno di Mahābalī, dove tutti erano uguali, e quello di Rāma (*Rāma-rājya*), quando tutti erano trattati con giustizia.

Rāma-rājya era caratterizzato da un'abbondante prosperità. Il re osservava il *dharma* e i suoi sudditi seguivano il suo esempio. *Rāma-rājya* è diventato sinonimo di governo ideale.

Un giorno vi fu un raduno di poeti alla corte del re Bhōja. Un poeta recitò la sua poesia, in cui esaltava il re Bhōja come uguale al Signore Rāma e il suo governo utopico come *Rāma-rājya*. Quando terminò, tutti applaudirono. In quel momento, un corvo volò all'interno e fece i suoi bisogni sulla testa del poeta, che si arrabbiò. Il re ordinò di catturare il corvo. L'uccello iniziò a parlare: "Sire, ho fatto i miei bisogni sulla testa di questo poeta perché ha mentito. Voi non siete come Rāma e il vostro regno non è come *Rāma-rājya*. Ve lo dimostrerò. Per favore seguitemi".

Il re, i suoi ministri e il poeta lo seguirono. Quando giunsero ad una grotta, il corvo entrò e chiese loro di iniziare a scavare. Lo scavo portò alla luce migliaia di gemme scintillanti. Il corvo disse: "Durante *Rāma-rājya* c'era un ricco che non aveva figli. L'uomo promise di dare al re un vaso pieno di gioielli se avesse avuto un figlio. Per grazia di Dio, divenne presto padre. Così si recò con il vaso di gioielli da Rāma, che rifiutò il dono e gli chiese invece di distribuirlo tra i poveri del regno. Ma non c'era nemmeno un povero durante il *Rāma-rājya*. Allora il Signore Rāma gli disse di darli a chiunque li volesse, ma nessuno era disposto ad accettare ricchezze guadagnate senza alcuno sforzo. Questi sono i gioielli che nessuno volle".

Il corvo continuò: "Sire, ordinate ai vostri ministri e al poeta di aprire le mani!". Quando lo fecero, il re vide che c'erano dei gioielli. Il corvo proseguì dicendo: "Sire, spero che abbiate capito almeno ora che il vostro regno non è *Rāma-rājya*!".

Sebbene questa storia possa sembrare inverosimile, è comunque una bella rappresentazione del governo ideale. Un sovrano non ha amici né parenti, ma solo sudditi. Il loro benessere è il suo unico interesse. Per un sovrano ideale, governare è una forma di austerità, un'adorazione del Divino, un sacrificio di sé per il bene del mondo. Tale era il codice di condotta di Rama.

Sītāyana

Nell'udire la parola *Rāmāyaṇa*, la prima persona che ci viene in mente è Rāma. Detto questo, Sītā è di pari importanza. La sua perenne lealtà a Rāma e la sua pazienza, sopportazione e dedizione ai valori non hanno eguali. L'ideale indiano della femminilità trova una chiara espressione in Sītā. La santità dei legami familiari è stata mantenuta nei secoli grazie a lei.

Quando Rāma cercò di impedire a Sītā di seguirlo nella foresta, lei gli ricordò che era diritto e responsabilità di una moglie essere accanto al marito nella felicità e nel dolore. Le sue parole ci aprono gli occhi su ciò che accade nella società odierna, che evita le responsabilità e la cui motivazione è solo il profitto.

Il rapimento di Sītā rivela la gloria della *viraha-bhakti*, la devozione nata dalla separazione da Dio. Sītā desiderava ardentemente il cervo dorato persino quando Rāma era con lei. Vale a dire, la sua mente era diventata succube del desiderio. Ma dopo che Rāvaṇa la rapì, Sītā soffrì costantemente pensando a Rāma. Come un cavallo con il paraocchi che può vedere solo il sentiero davanti a sé, la sua mente era totalmente concentrata su Rāma. Quando la luna (*chandra*) splende, non notiamo il buio della notte, ma la luna. Allo stesso modo, nella sua angoscia, Sītā non notava le tenebre create dall'assenza di Rāmachandra perché i suoi pensieri erano solo su di Lui. Rāvaṇa si sforzò, personalmente e tramite messaggeri, di tentare Sītā: le promise di farla diventare la regina di Laṅkā e le offrì ogni sua ricchezza se lei lo avesse accettato. Ma Sītā rimase impassibile e sopportò coraggiosamente le continue molestie e gli abusi verbali delle feroci donne demoni. Anche in mezzo a tale sofferenza, Sītā meditava solo su Rāma. Nella sofferenza provocata dalla separazione, tutte le sue *vāsanā* (tendenze latenti) vennero sublimate. Alla fine, il suo cuore fu completamente purificato e poté riunirsi con Rāma.

L'amore si intensifica quando si è separati dall'amato. Tale amore ha l'intensità spasmodica del pesce fuori dall'acqua, che boccheggia per respirare e lotta per tornare nell'acqua. Possiamo vedere questo atteggiamento in Sītā e nelle *gōpī* (pastorelle) di Vṛindāvan. Pertanto, un devoto che pensa costantemente a Dio può trascendere mentalmente qualsiasi situazione, per quanto impegnativa o dolorosa.

Quando Hanumān espresse il desiderio di liberare Sītā dalla prigionia e di riportarla al Signore Rāma, la risposta di Sītā fu eloquente: se qualcuno che non fosse stato Rāma l'avesse salvata, avrebbe macchiato la sua impeccabile reputazione. Ciò dimostra chiaramente che anche in mezzo a un grave pericolo, Sītā non perse la sua lucidità e mantenne la sua compostezza.

La sua vita è una fonte di eterna ispirazione per i devoti di Dio e un faro di luce per le famiglie. È il sacro Gange che nutre e purifica i cuori umani.

La devozione nel Rāmāyaṇa

Figli, persino dopo migliaia di anni, il *Rāmāyaṇa* è ancora caro al nostro cuore. Qual è il segreto della sua attrazione? Il sapore della devozione che lo permea. Questo sapore ammorbidisce e purifica i cuori umani. Se immergiamo la zucca amara nello zucchero per molti giorni, la sua naturale amarezza si trasforma in dolcezza. Allo stesso modo, la nostra mente verrà purificata completamente se la dirigiamo verso Dio e ci abbandoniamo a Lui.

Nel *Rāmāyaṇa* possiamo vedere le diverse forme della devozione e i vari stati devozionali. La devozione di Lakṣhmaṇa era differente da quella di Bharata e la devozione di Sītā non era la stessa di Śhabarī. Il desiderio di essere vicini e di stare con l'amato è proprio della devozione. Questa caratteristica contraddistingueva Lakṣhmaṇa, sempre impegnato a servire Rāma, che rinunciò persino al cibo e al sonno. La devozione di Bharata era diversa, essendo caratterizzata dalla serenità. Per lui, governare il regno era una forma di adorazione di Rāma. Qualsiasi azione diventa adorazione se la compiamo ricordando

Dio e abbiamo un atteggiamento di abbandono. In caso contrario, anche l'adorazione nel tempio diventa solo una delle tante azioni che si compiono.

La devozione di Hanuman rivelava anche le qualità del discernimento, dell'entusiasmo, della fede, della fiducia e dell'abbandono di sé. Ministro di Sugrīva, Hanumān divenne il servitore di Rāma dopo averlo incontrato. Mentre la sua relazione con Sugrīva era terrena, il legame di Hanumān con Rāma era l'emblema del rapporto tra il *jīvātmā* (sé individuale) e il *Paramātmā* (Sé supremo). Hanumān mostrò anche come si possa pensare costantemente al Signore attraverso il *japa* (ripetizione del Suo nome).

Non sono l'alto lignaggio né l'erudizione che fanno sorgere la devozione: solo un cuore puro può farla nascere. Questo è ciò che possiamo imparare da Śhabarī. Quando il suo Guru le disse che un giorno Rāma sarebbe venuto da lei, Śhabarī si fidò di lui completamente. Ogni giorno puliva l'*āśhram*, teneva pronti gli utensili per la *pūjā* in previsione del suo arrivo e aveva riservato un posto dove Lui potesse sedere. Passarono giorni, mesi e anni. La sua attesa non fu vana: un giorno Rāma arrivò all'*āśhram* di Śhabarī e accettò la sua ospitalità. La sua storia dimostra che il Signore verrà sicuramente in un cuore che lo aspetta con fede.

La devozione non dovrebbe essere basata unicamente sulle emozioni perché tale devozione potrebbe essere intensa, ma passeggera. È necessario che sia radicata nella conoscenza. La devozione non dovrebbe essere finalizzata a soddisfare qualche desiderio. Dopo che i semi della devozione sono germogliati, vanno trapiantati nei campi della conoscenza per avere infine un buon raccolto ed acquisire la vera conoscenza.

Rāma fu in grado di accendere la devozione nei suoi fratelli, amici, sudditi, uccelli e animali selvatici. Senza saperlo, ciò che noi adoriamo è l'eccellenza, ovunque si manifesti, perché il seme della devozione è nascosto in ogni cuore. Dobbiamo nutrire questo seme con i pensieri, le parole e le azioni e lasciarlo crescere finché non vediamo l'intero universo pervaso dalla Coscienza divina. Il *Rāmāyaṇa* ci mostra come fare questa esperienza.

La cultura del Rāmāyaṇa

Figli, bisogna instillare in ogni bambino i valori necessari per condurre una vita nobile. Tali valori vanno trasmessi in casa: gli anziani devono diventare dei modelli per i giovani, dare loro insegnamenti etici sia attraverso consigli affettuosi che severi ammonimenti. In passato, le nonne e le madri raccontavano storie purāṇiche ai piccoli, che ne assimilavano i valori. Il *Rāmāyaṇa* è il mezzo più adatto per trasmettere una cultura e dei valori nobili alle giovani generazioni.

Molti personaggi di questa epopea misero in pratica nobili ideali nelle loro vite, ispirandoci a emularli. Lakṣhmaṇa era l'emblema dell'amore fraterno e della devozione per il fratello maggiore. Bharata impersonava l'amore disinteressato e il sacrificio di sé. Sītā era il simbolo della pazienza, della determinazione e di un'incrollabile lealtà al marito. Hanumān incarnava l'abilità nell'agire e l'abbandono totale. I bambini possono scegliere tra molti di questi modelli di comportamento.

Daśharatha non rimangiò la parola che aveva dato a Kaikēyī, anche se ciò gli spezzava il cuore. Era stato attratto da lei non per la sua bellezza e l'amore che gli mostrava, ma perché era stata pronta a sacrificare la propria vita per quella di lui sul campo di battaglia. E Rāma rinunciò al trono come se fosse un semplice filo d'erba per onorare la promessa paterna. Cosa dire di Sita? Quando Rāma decise di andare nella foresta, lei avrebbe potuto dire: "Non andarci. Questo regno è un tuo diritto di nascita". Invece seguì silenziosamente il marito nella foresta. Che cosa dimostrò Bharata? Non pensava: "Ora che mio fratello è stato tolto di mezzo potrò regnare senza alcun ostacolo!", ma si mise in cerca del fratello. Quando tornò nel regno, portò con sé i *pāduka* (sandali) di Rāma e li pose con reverenza sul trono. Governò il Paese come reggente, rifiutando tutti i comfort della regalità e adottando uno stile di vita ascetico.

I personaggi del *Rāmāyaṇa* dimostrano gli ideali necessari per il bene di ogni famiglia. Dobbiamo trasmettere questi valori ai nostri figli. Tuttavia, spesso falliamo in questo senso e tale fallimento si riflette nella società odierna, che produce persone come Kamsa[4]. Per realizzare un cambiamento e produrre invece Rāma e Hariśhchandra[5], le nostre case devono essere impregnate della cultura del *Rāmāyaṇa*.

Il *Rāmāyaṇa Kiḷippāṭṭu*[6] assume la forma di un consiglio che il Signore Śhiva, il capofamiglia, diede a Pārvatī, la madre. Dovremmo riportare in auge una cultura in cui i genitori parlano di Dio e di questioni spirituali e i bambini crescono ascoltando tali discorsi. Allora ci saranno amore, unità e prosperità in casa e saranno possibili la pace e i buoni valori nella società.

La devozione al Signore Rāma

Figli, sia il *Rāmāyaṇa* che il *Mahābhārata* ci insegnano come superare gli ostacoli della vita terrena per raggiungere il Supremo. Possiamo imparare da ogni personaggio del *Rāmāyaṇa*, che ci mostra chiaramente come anche persone nobili possano cadere in disgrazia a causa della loro avventatezza. Attraverso le loro vite, possiamo capire la differenza tra il bene e il male, tra la rettitudine e l'ingiustizia.

Sebbene ci siano molte figure ideali nel *Rāmāyaṇa*, la più luminosa, da ogni punto di vista, è Hanumān. Completamente privo di egoismo, offrì il suo corpo, la sua mente e tutti i suoi poteri

---

[4] Kamsa era lo zio del Signore Kṛiṣhṇa. Tentò ripetutamente di uccidere il Signore, ma alla fine venne ucciso da Lui.

[5] Un re leggendario noto per aver aderito alla verità ad ogni costo.

[6] Popolare versione malese del *Rāmāyaṇa*.

a Rāma. Mentre era impegnato a svolgere il compito affidatogli da Rāma, dimenticò persino la parola "riposo". Si ritiene che Hanumān viva ancora oggi solo per cantare il nome di Rāma e ascoltare le storie del Signore.

Un episodio della vita di Hanuman illustra la vera natura del rapporto Guru-discepolo. Un saggio aveva preso con le mani a coppa dell'acqua del fiume per il suo culto serale quando un *gandharva* (essere celeste) che passava nel cielo guardò in basso e sputò. Lo sputo cadde nelle mani del saggio. Offeso e infuriato, questi andò da Śhrī Rāma e gli chiese di uccidere il *gandharva* e riscattare così il torto che gli era stato fatto. Rama acconsentì.

Quando il *gandharva* lo venne a sapere, cercò rifugio presso la madre di Hanuman. "O Madre, sono in grave pericolo. Per favore salvami!".

La sua supplica commosse il cuore materno della donna, che disse ad Hanumān: "Figlio, ho dato al *gandharva* la mia parola che gli salverò la vita. Devi onorare la mia parola".

Hanuman accettò. Quando Śhrī Rāma venne per uccidere il *gandharva*, Hanumān disse al *gandharva* di stare dietro di lui e di ripetere il nome del Signore Rāma. Poi Hanumān unì i palmi delle mani in preghiera e recitò il nome di Rāma. Tutte le frecce che Rama scoccò contro il *gandharva* si trasformarono in fiori che caddero ai piedi del Signore. Infine, Hanumān pregò Rāma: "Signore, lascia benevolmente che il *gandharva* chieda perdono al saggio". Śhrī Rāma acconsentì. Avendo ottenuto il perdono dal saggio e raggiunto una soluzione amichevole, il *gandharva* ebbe salva la vita.

Perfino quando Hanuman dovette combattere contro Rama, si rifugiò in Lui e nel Suo nome. Non solo, condusse altri sul sentiero della devozione verso Rāma, dimostrando così il *dharma* supremo di un discepolo. Hanuman è il discepolo ideale: non troveremo mai nessun altro che gli sia pari.

21. I preconcetti

Figli, consapevolmente o meno, siamo in molti a nutrire pregiudizi nei confronti degli altri e questi preconcetti non ci permettono di capirli correttamente. Un uomo che indossa occhiali con lenti gialle vedrà tutto giallo. Dobbiamo essere pronti a togliere le lenti del pregiudizio prima di guardare il mondo.

Anche se andiamo regolarmente dallo stesso sarto, ogni volta lui prenderà le nostre misure. Un buon sarto non confezionerà mai nuovi abiti in base alle vecchie misure perché sa che potremmo avere cambiato taglia dall'ultima nostra visita. Non ci rendiamo conto, però, che anche le nostre opinioni sugli altri potrebbero essere diventate obsolete. Dobbiamo adottare la prospettiva del sarto nella nostra vita quotidiana.

Molti problemi sorgono quando i nostri rapporti interpersonali sono condizionati da pregiudizi. Non c'è nulla che impedisca ad un ladro di voltare pagina. Pingala, una prostituta, divenne un'ardente devota. Il famoso brigante Ratnakaran si trasformò nel venerabile saggio Valmiki.

Se riusciamo ad interagire con gli altri senza preconcetti, possiamo accorgerci dei loro cambiamenti.

In tribunale si stava discutendo una causa: gli avvocati dell'accusa e della difesa discutevano animatamente, ma il giudice sedeva con gli occhi chiusi, senza prestare particolare attenzione a nessuno dei due. Dopo un po' si appisolò. Vedendolo, il cancelliere si rivolse a lui dicendo: "Vostro Onore, si è addormentato. Non sta ascoltando nessuno dei due avvocati".

"Non si preoccupi. Ho già deciso la sentenza" ribatté il giudice rimettendosi a dormire.

Se ci comportiamo come il giudice di questa storia, cioè agiamo in base ad idee preconcette, la giustizia e la verità non potranno trionfare. Alcuni godranno di privilegi immeritati, mentre altri dovranno affrontare difficoltà ingiustificate.

I nostri pregiudizi possono farci perdere coloro che potrebbero essere nostri amici ed alleati. Questi pregiudizi potrebbero addirittura ingannarci.

A volte siamo vittime dei nostri stessi preconcetti: cominciamo a credere fermamente di non essere in grado di fare certe cose che invece potremmo fare se ci impegnassimo. Tali idee preconcette riflettono una mancanza di fiducia in noi stessi, pericolosa quanto una sopravvalutazione delle nostre capacità.

I pregiudizi ci imprigionano unicamente perché diamo eccessiva importanza al passato. Dobbiamo sforzarci di vivere sempre nel momento presente e di mantenere il nostro cuore e la nostra testa liberi e pieni di positività.

22. Superare i preconcetti

Figli, se esaminiamo il modo in cui reagiamo alle situazioni che incontriamo, ci accorgeremo che, il più delle volte, sono le idee preconcette ad influenzare le nostre reazioni. Impariamo a considerare le circostanze della nostra vita senza pregiudizi. Comportiamoci come il sarto, che riprende le misure ogni volta che un cliente chiede un abito nuovo. Non lo confezionerà basandosi sulle misure precedenti, consapevole che una persona può avere cambiato taglia. Questa è una lezione importante di cui fare tesoro: non diamo mai nulla per scontato.

Amma ricorda una storia. Un uomo di mezza età stava passeggiando con il suo bambino in un parco. Il figlio chiese eccitato: "Guarda, papà, questa è una rosa, vero?".

Con grande gioia ed entusiasmo, il padre rispose: "Sì, figliolo, proprio così".

"Il colore di questa rosa è quello che s'intende per rosso?".

"Sì, figlio, questo è il colore rosso".

Vedendo il prato verde davanti a lui, chiese: "Papà, questa è l'erba? È di colore verde?".

"Sì, figliolo, questa è l'erba e il colore dell'erba è verde".

In questo modo, padre e figlio continuarono ad indicare varie cose e a parlare a voce alta ed animata. Un uomo che desiderava un po' di pace e di silenzio era seduto su una panchina del parco. Irritato per il disturbo, disse al padre: "Ci sono persone che come me vengono qui sperando di godere di un po' di pace ma, poiché lei e suo figlio parlate a voce così alta, ho perso la pace che avevo.

A tutto ciò che dice questo bambino ritardato lei risponde: 'Sì, figliolo... sì, figliolo', ma questo non lo farà migliorare".

A queste parole, padre e figlio rimasero in silenzio per un po'. Poi, ritrovata la calma, il padre disse: "Mi scusi tanto. Mio figlio non è ritardato. È nato cieco. Due giorni fa ha subito un intervento per riacquistare la vista. Dopo aver tolto le bende, ho voluto portarlo in un posto dove potesse vedere delle belle cose. Per questo siamo venuti qui. Incantato dalla bellezza di questo parco che vedeva per la prima volta, mi ha fatto molte domande eccitato e io gli ho risposto con entusiasmo, dimenticando tutto il resto. Quando si trova un tesoro, si è così felici! In questa euforia ci si dimentica persino di ciò che ci circonda. Così è stato per noi. La prego di perdonarci".

Sentendo questo, l'uomo fu preso dal rimorso e chiese perdono per avere pronunciato parole così dure. Quel giorno fece un voto: "D'ora in poi non giudicherò qualcuno avventatamente né mi arrabbierò con lui".

Quando costui capì che la sua rabbia nasceva da un malinteso e da idee preconcette, essa si trasformò in amore e compassione. Se riusciamo a valutare le situazioni armandoci di pazienza, sapremo sicuramente risvegliare l'amore e la compassione nel nostro cuore. Possano i miei figli riuscire a farlo!

23. Un cuore di bambino

Figli, l'individualismo dilagante e l'egoismo della società moderna stanno soffocando il fragile mondo dei giochi e delle risate innocenti dei bambini. Oggi sappiamo fare solo sorrisini furbi e affettati, che non sono veri sorrisi, ma solo uno stiramento delle labbra privo di sincerità. Dobbiamo ritrovare il mondo dei bambini, ricco di giochi e risate innocenti. In noi dimora assopito un cuore di bambino. Se non lo risvegliamo, non potremo mai provare la pace e la gioia.

Avere un tale cuore non significa essere infantili, ovvero comportarsi senza discernimento e in modo immaturo. Un cuore di bambino è tutt'altra cosa: si riferisce all'atteggiamento del principiante, alla sua curiosità ed entusiasmo nell'imparare ogni cosa senza annoiarsi. C'è saggezza in un cuore di bambino. Qualcuno potrebbe dire che un bimbo non sa discernere, eppure è abbastanza saggio da sapere che l'unica persona da cui può dipendere è sua madre.

Un bambino gioca spensierato, con abbandono, divertendosi e dimenticando il mondo che lo circonda. Anche se si arrabbia o si rattrista, se ne dimentica subito dopo. Il suo cuore è leggero e libero. Trovando gioia nelle piccole cose, ha un entusiasmo inesauribile e una curiosità insaziabile per tutto. Sono queste le qualità che caratterizzano il cuore di un bambino.

Alcuni bambini hanno detto ad Amma: "La madre di un nostro amico ha un cancro. Suo padre è disoccupato e non hanno nulla da mangiare. Amma, per favore aiuta suo padre a trovare un buon lavoro!".

Dentro di noi, tutti abbiamo un tale cuore di bambino, desideroso di condividere i dolori degli altri e consolarli. Questo atteggiamento è ben visibile nell'infanzia.

L'amica di una bambina era morta. La piccola andò a casa della sua amica. Quando tornò, suo padre le chiese: "Cos'hai fatto a casa della tua amica?".

"Ho consolato sua madre", rispose la bimba.

"E come l'hai consolata?" domandò il padre. "Mi sono seduta in braccio a lei e abbiamo pianto insieme".

I cuori dei bambini si legano emotivamente alle altre persone, agli uccelli, agli animali, ai fiori e alle farfalle. Diventano tristi quando vedono persino un minuscolo insetto che sta soffrendo. Anche noi eravamo così da piccoli, ma abbiamo perso questa caratteristica crescendo. Così, siamo diventati la personificazione dell'individualismo e dell'egoismo.

Eppure, dentro ognuno di noi c'è ancora un cuore di bambino. Se riusciremo a risvegliarlo, potremo avanzare verso un futuro di gioia e di successo.

24. Il valore del tempo

Figli, viviamo in un'epoca frenetica. Nella corsa tra un impegno e l'altro, abbiamo a malapena il tempo di riprendere fiato.

"Non stare con le mani in mano, fai qualcosa!". Fin da piccoli ce lo siamo sentito ripetere dai genitori e dagli insegnanti, ma ora è giunto il momento di pensare: "Perché non posso stare fermo per un po' invece di fare sempre qualcosa?".

La troppa fretta uccide la bellezza di tutto ciò che facciamo. È come voler aprire forzatamente i petali di un bocciolo di rosa: non faremmo che privarlo del suo profumo e della sua bellezza.

La maggior parte delle cose che perseguiamo non ci darà la felicità. Anzi, ci porterà via quella che già abbiamo. Ci sono persone che vanno con la famiglia in spiaggia per guardare il tramonto, ma poi passano il tempo a chiacchierare al cellulare. Così non riescono ad apprezzare la bellezza dell'oceano e la magnificenza del tramonto.

Anche a casa, molti passano il tempo su Facebook e dimenticano di guardare i volti della moglie o dei figli seduti accanto. La moglie magari è triste per qualcosa e i figli potrebbero avere dei problemi, ma il marito o il padre non si prendono neppure il tempo per guardarli in faccia.

Quando un giorno un uomo tornò a casa dal lavoro, trovò il figlio di cinque anni che lo aspettava. "Papà, quanto guadagni per un'ora di lavoro?" chiese il piccolo.

L'uomo rispose: "300 rupie".

"Papà, per favore, dammi 200 rupie!". Pensando che volesse i soldi per un nuovo giocattolo, l'uomo si irritò. "Non ho tempo per le tue bambinate. Lasciami in pace!".

In silenzio, il piccolo andò nella sua cameretta e chiuse la porta.

Dopo un po' il padre capì che avrebbe dovuto essere più amorevole e paziente con il figlio. Aprì la porta della camera del figlio e chiese: "Stai dormendo?",

"No, papà, non sto dormendo".

"Spero che non ti senta triste perché mi sono arrabbiato con te prima. Ecco le 200 rupie che hai chiesto. A cosa ti servono?".

Il volto del bambino s'illuminò di gioia. Tirò fuori una banconota da cento rupie da sotto il cuscino e, porgendo le 300 rupie al padre, gli disse: "Papà, ecco 300 rupie. Potresti passare un'ora con me?".

Anche nel bel mezzo della vostra vita frenetica, non dimenticate di guardare il mondo che vi circonda. Condividete l'amore, la gentilezza e la gioia con la famiglia, gli amici e i colleghi. Vivete il momento presente. Godete della vita.

25. I frutti delle azioni passate

Figli, alcuni mi chiedono se Dio sia parziale. In questo mondo, alcune persone godono di buona salute, mentre altre sono sempre perseguitate dalla malattia; alcuni sono poveri e altri ricchi; alcuni sono belli e altri brutti. Non possiamo biasimare Dio per questa ineguaglianza. La colpa è solo nostra. Le azioni pure producono risultati perfetti. La sofferenza derivante dal *prārabdha* (le conseguenze delle azioni passate) è il risultato delle azioni sconsiderate compiute nel passato che si manifesta nel presente. Non ha senso incolpare Dio per questo.

Ad esempio, l'impiego di sementi geneticamente modificate e di fertilizzanti chimici può decuplicare il raccolto. Tuttavia, tale uso riduce drasticamente il valore nutrizionale di cereali e verdure. Inoltre, quando consumiamo tali prodotti, il nostro organismo viene contaminato da sostanze chimiche tossiche. La salute di coloro che mangiano questi alimenti e anche dei loro figli è compromessa. Le conseguenze che ne derivano sono il frutto del nostro egoismo. Non possiamo incolpare Dio.

Un imprenditore chiese a due suoi operai di spaccare delle pietre. Il primo era fisicamente forte, mentre l'altro era debole. Pochi giorni dopo, l'uomo andò a controllare come procedevano i lavori e indicò a ciascuno un grosso masso da spaccare. L'uomo più forte colpì la sua roccia dieci volte senza successo, mentre l'uomo più debole riuscì a spaccare la sua con due martellate. L'operaio più forte gli chiese: "Come hai fatto a spaccare la roccia con due soli colpi?".

Il compagno rispose: “L’avevo già colpita prima con il martello molte volte”.

Allo stesso modo, se la vita è facile per alcuni e difficile per altri, dipende dalle azioni che entrambi hanno compiuto in passato. La prosperità di cui godiamo oggi è frutto delle buone azioni di ieri. Se vogliamo un futuro radioso, dobbiamo compiere buone azioni nel presente. Se non lo facciamo, domani soffriremo.

Tuttavia, quando vediamo qualcuno soffrire non dobbiamo pensare che la sua sofferenza deriva dalle azioni passate, ma pensare che è nostro dovere aiutarlo. Se aiutiamo chi è in difficoltà oggi, ci verrà risparmiata della sofferenza domani. Tirando fuori qualcuno da un fosso, possiamo scongiurare una nostra possibile caduta in futuro.

In un certo senso, la sofferenza legata al *prārabdha* è una benedizione divina perché ci porta a ricordare Dio. Possiamo notare come persone che non hanno mai pensato neppure una volta al Signore si rivolgono a Lui quando iniziano a soffrire e imboccano la retta vita. In tal modo possono liberarsi dalla sofferenza causata da azioni passate.

26. Imparare a dare

Figli, fino a poco tempo fa il sacrificio e la semplicità erano considerati nobili ideali nella vita, ma questa visione è cambiata e oggi la maggior parte delle persone ha come obiettivo la ricchezza e i piaceri materiali. Per molti, avere successo nella vita significa prendere il più possibile dalla società, restituendo il meno possibile.

Ci dovrebbe essere un equilibrio armonioso tra l'individuo e la società. Se prendiamo qualcosa dalla società o dalla natura, siamo tenuti a dare qualcosa in cambio. Se ognuno si sforzasse di dare più di quanto prende, nella società regnerebbero la pace, l'unità e la prosperità.

Sia nei confronti della famiglia che della società, il nostro atteggiamento è ormai improntato al guadagno. E ci comportiamo così perfino nel nostro rapporto con Dio. Il nostro atteggiamento verso Dio e il Guru dovrebbe essere di completo abbandono. Invece, abbiamo una mentalità calcolatrice anche verso di loro e ci chiediamo come trarre qualche vantaggio anche dal Signore e dal Guru.

Amma ricorda una storia. Un ricco uomo d'affari partì per una crociera. All'improvviso, si scatenò una terribile tempesta. Il comandante della nave annunciò che le probabilità di sopravvivenza erano scarse. A bordo, tutti iniziarono a pregare. L'uomo d'affari pregò: "Signore, se sopravvivo venderò il mio hotel a cinque stelle e Ti donerò il 75% della vendita. Ti prego, salvami!". Come per miracolo il mare si calmò istantaneamente e tutti giunsero a destinazione sani e salvi. Preoccupato, l'uomo d'affari pensava: "Oh mio Dio, dalla vendita dell'hotel posso ricavare almeno dieci milioni di rupie e ne ho promesso il 75% a Dio. Devo davvero darGli così tanto? Come posso fare?". Si mise a riflettere su come uscire da questa situazione.

Il giorno dopo, comparve questo annuncio sul giornale: "Vendesi hotel a cinque stelle. Costo: una rupia!". Ci fu un'enorme richiesta di acquisto per tale hotel. Sull'annuncio vi era però una clausola: "Vendo l'hotel a una rupia, a condizione che l'interessato acquisti anche il mio cane al prezzo di dieci milioni di rupie".

Alla fine, l'hotel fu venduto e l'uomo d'affari andò nel tempio e offrì 75 paisa al Signore. Questo è l'atteggiamento di molti, che per raggiungere i propri fini sono disposti ad ingannare persino Dio.

Oggi guardiamo al mondo con gli occhi di un imprenditore. In qualunque campo perseguiamo solo la nostra crescita economica. Questo atteggiamento potrebbe farci progredire, ma tale progresso è pericoloso. Le cellule tumorali crescono incontrollate e causano la morte della persona. Allo stesso modo, un "progresso" che reca danno alla società non è mai un vero progresso e finirà per distruggere sia l'individuo che la società. Tutti hanno il diritto di crescere e di espandersi, ma la nostra crescita dovrebbe aiutare anche gli altri a crescere.

A dire il vero, tutto ciò che diamo al mondo ci torna indietro. Se piantiamo dei semi, la terra contraccambia con un raccolto cento volte superiore a ciò che abbiamo seminato. I meriti acquisiti con le buone azioni non portano beneficio solo alla nostra vita presente, ma garantiscono anche un futuro propizio. Il vero successo nella vita sta nel dare più che nel prendere.

27. Io sono Amore. L'amore è la mia vera natura

Figli, ciò che le persone desiderano di più al mondo è l'amore. La gente stringe amicizie, si sposa e crea una famiglia solo per amore. Eppure, la mancanza d'amore è la più grande povertà del mondo odierno. Tutti vogliono ricevere amore, ma nessuno vuole darlo. Quando amiamo, lo facciamo mettendo molte condizioni sotto forma di aspettative e clausole. Una relazione basata su tali fondamenta può andare in frantumi da un momento all'altro e l'amore si trasforma in odio e inimicizia. Questa è la natura del mondo. Se l'abbiamo capito, non soffriremo. La natura del fuoco è calore e luce. Aspettarsi che il fuoco emani solo luce e non calore è irrealistico. Allo stesso modo, se riusciamo ad accettare che l'amore del mondo porta inevitabilmente sofferenza, sapremo affrontare ogni situazione con equanimità.

In ognuno di noi risiede l'amore puro. Tutti noi abbiamo la capacità di amare gli altri senza aspettative. Poiché l'amore è la nostra vera natura, non potremo mai perderlo. Un diamante che è in una bottiglia d'olio appare opaco, ma se togliamo la spessa patina di olio gli ridaremo la sua lucentezza. Allo stesso modo, se eliminiamo le impurità della mente ritroveremo la forma più pura d'amore.

La scala dell'amore ha molti pioli. Attualmente, molti di noi sono fermi al piolo più basso. Non è lì che bisogna passare il resto della nostra vita. Dobbiamo lentamente salire la scala, piolo dopo piolo, per giungere al piolo più alto dell'amore e trovare compimento alla nostra vita.

Le persone sono solite dire "Ti amo". La verità però è che "Io sono amore, l'amore è la mia vera natura". Quando diciamo "ti amo" ci sono due entità separate: io e te. C'è una distanza tra le due. In questa distanza, l'amore viene schiacciato. Dalla prospettiva di un "io" e di un "tu" distinti, amare l'altro avendo delle aspettative è come un piccolo serpente che tenta di ingoiare un'enorme rospo: un calvario per entrambi. Per contro, se amiamo senza aspettative, non proveremo mai dolore e il nostro amore disinteressato risveglierà l'amore disinteressato negli altri. La vita si riempirà allora d'amore e di gioia e sentiremo che l'amore è la nostra vera natura. In tal modo potremo liberarci dai desideri e dalle aspettative. Il nostro amore sarà come un fiume, un flusso che scorre liberamente e tocca, purificando, ogni cosa. Tutto ciò che faremo sarà di beneficio al mondo. Possiamo tutti noi riuscire ad elevarci ad un amore così puro!

28. Agire con efficienza

Figli, lo stress è ormai un problema comune che colpisce anche i bambini più piccoli. Quando un motore si surriscalda, si guasta. Allo stesso modo, la tensione influisce negativamente sulle facoltà mentali e sull'efficienza. È naturale provare stress nelle avversità o di fronte a un pericolo, ma se diventa una costante, compromette la nostra efficienza. Lo stress prolungato non solo ha un impatto sulla nostra capacità di agire, ma provoca anche ogni sorta di malattie. Se la mente è invece calma e serena, sapremo pensare con lucidità e valutare correttamente le situazioni.

Un contadino aveva perso l'orologio in un covone di fieno. Era molto affezionato all'orologio perché era il regalo di compleanno che il nonno gli aveva fatto quand'era piccolo. Dopo aver rovistato a lungo nel covone senza successo, perse la speranza e smise di cercare. Lì vicino c'erano dei bambini che giocavano a calcio. L'uomo andò da loro a chiedergli se potevano aiutarlo a trovare l'orologio. I bambini setacciarono tutto il fieno senza successo. Quando il contadino aveva perso la speranza di ritrovarlo, uno dei bambini gli chiese se poteva cercarlo ancora una volta. Il contadino acconsentì. Il fanciullo riprese la sua perlustrazione e pochi minuti dopo tornò con l'orologio in mano.

Allibito, l'agricoltore gli chiese come avesse fatto e lui rispose: "Per un po' sono rimasto seduto a terra immobile e ho teso l'orecchio. Nel silenzio, ho sentito il ticchettio dell'orologio provenire da un angolo. A quel punto è stato facile trovarlo".

Questa storia mostra chiaramente come una mente calma sia capace di pensare con lucidità e trovi facilmente soluzioni ai problemi. Ci sono molti modi per alleviare lo stress: ammirare la bellezza della natura, ascoltare della buona musica e fare giochi e attività che rilassano la mente. Anche passare del tempo con gli amici e i bambini piccoli può aiutare a ridurre la tensione. Una respirazione lenta e regolare, alcune posture dello yōga come *śhavāsana* (posizione del cadavere) e la meditazione sono particolarmente indicate per allentare la tensione e rilassarsi.

Ma la cosa più importante è adottare un approccio sano alla vita. Dobbiamo coltivare una consapevolezza che ci aiuti a mantenere l'equilibrio interiore in ogni momento, invece di essere in balìa degli alti e bassi, dei successi e degli insuccessi. Tale approccio permetterà alla mente di rimanere calma e pacifica e ci metterà in grado di agire con maggiore efficacia.

29. Cercare di non ripetere gli stessi errori

Figli, è raro trovare qualcuno che non abbia, consciamente o inconsciamente, commesso errori nella vita. La maggior parte delle persone rimugina sui propri errori e si sente in colpa per avere sbagliato. Non ha senso continuare a soffrire per le azioni passate: ciò che è fatto è fatto. Se continuiamo a rimuginare sul passato, disperdiamo la forza che ci è rimasta. Prendiamo invece questa ferma decisione: "Non ripeterò più gli stessi errori!". Il nostro sincero impegno purificherà la mente. Questo è ciò che occorre. La purezza della mente si manifesta nel voler avere pensieri nobili e compiere buone azioni e negli sforzi fatti in tale direzione.

Non c'è peccato che non possa essere lavato via dalle lacrime del rimorso. Tuttavia, una volta che abbiamo capito i nostri errori, non dobbiamo più ripeterli. La mente deve prepararsi a percorrere la retta via. Se un bambino piccolo lancia un giocattolo contro sua madre, lei sorriderà amorevolmente, lo prenderà tra le braccia e lo bacerà. Ma se questi facesse lo stesso da grande, la madre non lo tollererà. Allo stesso modo, Dio perdonerà i peccati commessi inconsapevolmente, ma non perdonerà quelli che commettiamo dopo avere compreso ciò che è giusto e ciò che è sbagliato. Cerchiamo quindi di non rifare gli stessi errori.

Se facciamo uno sbaglio quando scriviamo con una matita, possiamo cancellarlo. Potremo però farlo solo una o due volte perché se continuiamo a cancellare, la carta si strapperà. Il peccato più grande è ripetere consapevolmente lo stesso errore. Facciamo del nostro meglio per evitarlo.

Non bisogna pensare: "Ho peccato molte volte. La mia mente non è abbastanza pura per pregare e quindi inizierò a pregare quando la mente sarà pura". Non potremo mai nuotare nell'oceano se aspettiamo che le onde si plachino. Riuscite ad immaginare un dottore che dica al paziente di consultarlo dopo essere guarito? Noi andiamo dal medico per essere curati. Allo stesso modo, Dio deve purificare i nostri cuori. Solo rifugiandoci in Lui, la mente può venire purificata. Non rattristiamoci pensando alla vita passata. Il passato è come un assegno annullato. Non continuiamo a piangere sugli errori e sui fallimenti passati. Abbiamo ancora a disposizione un capitale inestimabile: la vita. Pensiamo quindi agli enormi benefici che potremmo ancora trarne. L'ottimismo dona vitalità all'esistenza anche nel mezzo di grandi sofferenze. Non dobbiamo mai perdere la fede ottimistica che sicuramente la grazia di Dio ci proteggerà.

30. Condividere

Figli, le persone incontrano due tipi di povertà. Il primo, causato dalla mancanza di denaro, non permette di soddisfare i bisogni primari come il cibo, i vestiti e l'alloggio, mentre il secondo è dovuto alla carenza d'amore e di compassione nella società. Tra i due, il secondo tipo di povertà merita maggiore attenzione perché è alla base del primo. Se proviamo amore e compassione gli uni per gli altri, saremo in grado di alleviare i problemi di chi è economicamente povero. Tuttavia, al giorno d'oggi, sia nei paesi che nelle città le persone si chiudono sempre più in se stesse. La cultura della condivisione sta scomparendo persino tra i coniugi. La società può mantenere il suo equilibrio solo se ci si concentra più sul dare che sul prendere. Ma oggi la maggioranza della gente vuole solo prendere.

C'era un uomo che voleva solo prendere dagli altri e non condivideva mai niente con nessuno. Passava la vita ad accumulare sempre più ricchezza. Un giorno, mentre camminava, inciampò e cadde in un fosso profondo sul ciglio della strada. Dopo aver cercato in tutti i modi di uscirne, cominciò a gridare disperato: "Aiuto... aiuto!". Dopo un po', un passante sentì le sue grida e accorse. Tendendogli la mano, disse: "Dammi la mano!", ma l'uomo si rifiutò. Il passante ripeté più volte: "Dammi la mano!", ma ricevette sempre un rifiuto. Infine il passante stese di nuovo la mano e disse: "Prendi la mia mano!". A queste parole, l'uomo nel fosso allungò subito la sua per afferrare quella del passante e in tal modo si salvò.

Molti di noi sono come questo uomo: sappiamo solo prendere dagli altri. Tale egoismo porta solo al declino della società.

Dobbiamo coltivare una mente che preferisca dare più che prendere. La nostra sopravvivenza è basata sull'interdipendenza. Le nostre vite non dovrebbero essere incentrate esclusivamente su noi stessi. Siamo ospiti di questo mondo solo per un breve arco di tempo. Come le farfalle che nel corso della loro breve vita diffondono gioia e allegria tutt'attorno, così, ogni secondo della nostra vita dovrebbe portare beneficio agli altri. Condividiamo la nostra ricchezza e gioia con gli altri. Attraverso la connessione reciproca, l'amore e la condivisione dobbiamo diventare una cosa sola.

31. Dare e prendere

Figli, i più grandi ostacoli che nella vita ci impediscono di godere della gioia sono il senso dell'io e i nostri pensieri egoistici. Non siamo in grado di amare gli altri e di dimenticarci di noi stessi. La mentalità odierna potrebbe essere riassunta così: "Voglio tutto. Voglio tutto per me". Se non cambiamo questo atteggiamento, non potremo mai provare gioia nella vita. Perciò, invece di pensare a quello che possiamo ottenere dagli altri, alimentiamo il desiderio di dare. Chi ama dare è come un re, mentre chi vuole solo prendere è simile a un mendicante.

Amma ricorda questa storia. Un uomo andò a trovare un amico che non vedeva da anni. Mentre era sul prato e ammirava la bellezza della sua villa, l'amico uscì. Dopo uno scambio di convenevoli, l'uomo esclamò: "La tua villa è bellissima! Con chi ci vivi?".

"Vivo da solo".

"Da solo? È tua la villa?".

"Sì".

"Ma come hai fatto a guadagnare tanto da poterti permettere così giovane una casa tanto grande?".

"Mio fratello maggiore è milionario e l'ha costruita per me".

Vedendo che l'uomo stava in silenzio, aggiunse: "Immagino a cosa stai pensando. Anche tu vorresti avere un fratello milionario, giusto?".

"No, pensavo che se fossi stato milionario come tuo fratello anch'io avrei costruito una villa come la tua per il mio fratellino".

Figli, questo è l'atteggiamento da coltivare. Imparate a dare. Solo chi dà ha diritto di prendere. Chi è generoso sarà benvenuto ovunque. Ciò che abbiamo preso e consumato scomparirà in un istante, ma ciò che abbiamo dato e condiviso rimarrà con noi per sempre sotto forma di senso di soddisfazione, pace e prosperità.

Quando in noi si spegne l'impulso di dare, stiamo spianando la strada alla rovina della società. Anche se non possiamo educare i nostri figli a voler solo dare, cerchiamo almeno d'instillare in loro il desiderio di dare oltre che di prendere. Solo così l'armonia potrà regnare nel nostro Paese e nel mondo.

Figli, forse non abbiamo i mezzi per aiutare gli altri economicamente, ma possiamo almeno sorridere con sincerità o parlare con gentilezza, non è così? Cosa ci costa? Chi non prova compassione per gli altri non può essere considerato un devoto. Nel cammino della spiritualità, la compassione è il primo passo. Chi ha compassione non ha bisogno di cercare Dio. Sarà Dio stesso a correre verso di lui perché un cuore gentile è la Sua dimora prediletta.

32. Fare del bene

Figli, viviamo in un mondo pieno di egoismo. La maggior parte della gente si preoccupa solo di prendere dagli altri quanto può. Oggi, ciò di cui ha bisogno il mondo è gente più interessata a dare che a prendere. Se anche solo poche persone si impegnassero a diffondere il messaggio dell'altruismo con l'esempio della propria vita, potremmo trasformare la Terra in un paradiso.

Un Guru stava parlando con i suoi discepoli di quanto è varia la natura umana. Dopo aver riempito quattro bicchieri d'acqua, fece cadere un sassolino nel primo bicchiere. Non si vide alcun cambiamento nell'acqua e il sassolino finì sul fondo del bicchiere. Allora lasciò cadere una zolla di fango nel secondo bicchiere. Il fango si dissolse nell'acqua, intorbidendola. Nel terzo bicchiere, il maestro mise un batuffolo di cotone che assorbì lentamente tutta l'acqua e si gonfiò. Nel quarto bicchiere mise un cristallo di zucchero che, sciogliendosi nell'acqua, la rese dolce.

Indicando i quattro bicchieri, il Guru spiegò: "Questi bicchieri rappresentano quattro tipi di persone. La maggior parte della gente può essere paragonata a un sasso: non migliora sé stessa né è di aiuto agli altri.

Il secondo tipo è come la zolla di fango: non solo queste persone non fanno del bene alla società, ma inquinano anche le menti di quanti entrano in contatto con i loro. Contaminano le menti di tutta la società.

Il terzo tipo è come un batuffolo di cotone lasciato cadere nell'acqua: è del tutto egoista e cerca di accaparrare tutto, per sé e per il proprio piacere personale. Accumula ricchezze e non aiuta mai nessuno.

Il quarto tipo è come il cristallo di zucchero: diffonde dolcezza nella vita degli altri. Tali persone dovrebbero essere i nostri modelli. Se seguiamo il loro esempio, anche la nostra vita sarà colma di dolcezza e pian piano la nostra dolcezza si diffonderà nella vita degli altri".

Potremmo chiederci come possa una singola persona fare la differenza nel mondo. Anche un piccolo atto di bontà ha un impatto su molte persone. Quando sorridiamo, ad esempio, gli altri ricambiano il sorriso. Allo stesso modo, le nostre buone azioni ispireranno gli altri a fare altrettanto.

Cerchiamo di non perdere la minima occasione di compiere anche un piccolissimo atto di bontà. Proprio come le innumerevoli gocce d'acqua formano un fiume, così le piccole buone azioni che compiamo oggi sono fondamentali per produrre una trasformazione significativa nella società di domani.

33. Dare

Figli, la ricchezza non ci basta mai. Ciò nonostante possiamo farne buon uso donando alle persone che hanno un disperato bisogno di soldi.

Quando andiamo in pellegrinaggio portiamo sempre del denaro per i mendicanti. Teniamo apposta qualche moneta da parte e stiamo attenti a non dare loro mai più di cinque rupie. Lo scopo del dare è ridurre il nostro egoismo, ma noi siamo avari anche mentre facciamo l'elemosina. Per quanto siamo ricchi, un giorno dovremo abbandonare tale ricchezza. Dobbiamo aiutare al meglio delle nostre possibilità chi soffre. La vera ricchezza consiste nel tendere la mano agli altri.

Prima di donare, bisogna sapere a chi stiamo dando e di cosa costui ha bisogno. Agli sconosciuti possiamo donare cibo e vestiario, ma non denaro perché potrebbero usarlo per bere o drogarsi. Con il nostro denaro stiamo offrendo loro un'occasione di compiere un'azione sbagliata.

Dobbiamo donare generosamente a chi non può lavorare, agli orfani, agli anziani indigenti, ai malati che non hanno soldi per comprare le medicine. È il nostro *dharma*, è nostro dovere farlo. Facciamo però attenzione a non avere come motivazione la gloria e la fama.

In una casa di riposo, i residenti e gli ospiti stavano assistendo al programma culturale organizzato per l'anniversario della struttura. A un tratto, un ricco uomo d'affari del posto entrò nella sala e spense tutti i ventilatori. Uno dei residenti gli chiese: "Perché ha spento i ventilatori? C'è un caldo insopportabile".

L'uomo d'affari rispose: "Io ho donato tutti i ventilatori di questa casa di riposo e su ognuno c'è stampato il mio nome. Se le pale dei ventilatori continuano a girare non si vedrà più il mio nome. Li ho spenti in modo che tutti sappiano chi è il benefattore".

Questa non può certo essere considerata una donazione. Il comportamento di costui potrebbe perfino fargli perdere il merito acquisito con la sua donazione.

L'atteggiamento di chi dona è estremamente importante. Quando un uomo ricco dona per acquisire fama o per un tornaconto personale, la sua donazione si trasforma in una mera transazione commerciale. Quando però doniamo in modo disinteressato, senza aspettarci nulla in cambio e riconoscendo Dio nell'altro, raccoglieremo frutti meravigliosi.

34. La testa e il cuore

Figli, i maestri spirituali danno spesso più importanza al cuore che alla mente. Certo, l'intelligenza è necessaria, Amma non dice il contrario. In verità, la testa e il cuore non sono separati. Se abbiamo un intelletto capace di discernere, la nostra mente si espande spontaneamente. Da questa espansione nascono l'innocenza, la disponibilità ad essere concilianti, lo spirito di collaborazione e l'umiltà. La parola "cuore" è sinonimo di espansività.

Tuttavia, oggi, la nostra intelligenza è spesso offuscata. L'egoismo e l'arroganza dominano il nostro pensiero e sono la causa di ogni sofferenza nella vita. Più siamo arroganti e più diventiamo meschini e poco disposti a scendere a compromessi. Una mente espansiva e accomodante è necessaria tanto nella vita di tutti i giorni quanto nel cammino spirituale.

Supponiamo che un uomo stabilisca determinate regole in casa, per esempio su come la moglie deve vivere, parlare e comportarsi solo per il fatto che è sua moglie. Se costui insiste nell'imporle queste regole, ci sarà mai pace nella casa? No! Supponiamo che di ritorno dal lavoro non dica una parola né alla moglie né ai figli. Se a casa continuerà a comportarsi come un dirigente, chiudendosi in camera pensando agli affari, i familiari apprezzeranno tale comportamento? Se lui si giustificherà dicendo che è fatto così, i suoi cari accetteranno tale affermazione? No. Per contro, se l'uomo parlasse con gentilezza alla moglie e passasse un po' di tempo con i figli, tutti sarebbero contenti e in casa regnerebbe la pace. Questa è la disposizione d'animo che s'intende quando si parla di cuore.

Oggi, la caratteristica dominante è l'egoismo, che ha scalzato il discernimento. Tale mancanza è percepibile nella vita. È difficile per la società vivere nella pace e nel progresso senza il giusto equilibrio tra il dare e l'avere. Come un motore ha bisogno di essere lubrificato regolarmente contro la ruggine, così noi dobbiamo essere umili e pronti a scendere a compromessi per rendere più scorrevole il cammino della vita. Ci sono momenti in cui dobbiamo ricorrere all'intelligenza, ma dobbiamo servircene con buonsenso. Pertanto, dobbiamo dare al cuore la dovuta importanza ogni qualvolta la situazione lo richieda.

Quando diamo la giusta importanza al cuore, nutriamo in noi l'umiltà e un atteggiamento collaborativo. In tal modo, fioriranno la pace e un senso di soddisfazione. Lo scopo della spiritualità include l'apertura mentale poiché solo chi ha una mente aperta può realizzare Dio. Il vero Sé è oltre la logica e l'intelligenza; è un'esperienza soggettiva. Se vogliamo assaporare la dolcezza del Sé, dobbiamo coltivare maggiormente le qualità del cuore rispetto a quelle della testa.

35. La vendetta

Figli, le disgrazie colpiscono inaspettatamente la vita di molti di noi. La morte improvvisa di una persona cara o una disastrosa perdita finanziaria possono farci perdere l'equilibrio mentale. Potremmo trovarci sopraffatti dal dolore e dallo sconforto. Se qualcuno ha causato il nostro dolore potremmo provare tantissima rabbia nei suoi confronti e tale rabbia può generare la sete di vendetta.

Se però riusciamo a non agire in modo dissennato, possiamo riportare la mente sulla retta via. Per farlo, dobbiamo innanzitutto calmare la mente. Solo una mente calma può pensare con chiarezza. Le emozioni forti e sfrenate compromettono la capacità di discernimento e offuscano la memoria. Quindi, invece di reagire impulsivamente, calmiamo prima la mente per poter pensare lucidamente e riflettere sulle cause della disgrazia che ci ha colpito.

Amma ricorda una storia. Un guidatore ubriaco investì un giovane, uccidendolo. Incapace di sopportare il dolore per la scomparsa prematura del figlio, la madre rimase per giorni e giorni persa nel ricordo dell'amato figlio. Pian piano questo dolore atroce si trasformò in sete di vendetta e la donna decise di uccidere l'autista per vendicare la morte del figlio. Ma quando la sua mente si fu calmata, un altro pensiero si fece spazio: "Se lo uccido, mio figlio tornerà in vita? No. E non solo, io ho provato una sofferenza tremenda per la morte di mio figlio. Se uccido quell'uomo, sua madre e i suoi cari soffriranno moltissimo.

Perché devono soffrire a causa mia? Nessuno dovrebbe subire la disgrazia che è capitata a me. Inoltre la macchina ha investito mio figlio perché l'autista era ubriaco. Se non fosse stato ubriaco, l'incidente non sarebbe successo. Quindi, la vera causa di questa tragedia è l'alcol. Se lancio una campagna di sensibilizzazione sui pericoli della guida in stato di ebbrezza, magari il numero degli incidenti diminuirà".

Così, chiese l'aiuto di alcuni amici per sensibilizzare l'opinione pubblica sui pericoli dell'alcolismo, dedicando il resto della sua vita a questa causa. Il suo impegno sincero portò alla creazione di una grande organizzazione impegnata nel recupero delle persone affette da dipendenza. Se avesse ucciso l'uomo che aveva investito suo figlio uccidendolo, quanto avrebbe dovuto espiare per il male commesso! Non solo, il mondo non avrebbe beneficiato in alcun modo di questo atto di vendetta. Una volta compresa la vera causa della morte del figlio, la donna seppe incanalare la sua rabbia verso un nobile scopo. La sua azione portò beneficio a lei e alla società.

Di solito non ci sforziamo di scoprire la vera causa dei nostri problemi ed è per questo che essi non hanno mai fine. Se ne cercassimo la causa con una mente calma, come fece la madre in questa storia, potremmo dirigere la nostra rabbia e il desiderio di vendetta verso un'iniziativa che giovi alla società. Se invece di reagire impulsivamente ci sforzassimo di scoprire serenamente i motivi dei nostri problemi, potremmo essere di grande aiuto al mondo.

36. La rabbia e la sete di vendetta

Figli, intorno a noi sentiamo storie di rabbia e di vendetta. Le troviamo ovunque nella società, nelle poesie, nei racconti e nei romanzi. La maggior parte dei film e delle serie televisive ruotano intorno a queste emozioni. Amma pensa che siano diffuse anche nei cartoni animati! Perfino quando i personaggi dei cartoni animati combattono contro il male, le loro azioni sono spesso violente e crudeli. Di conseguenza, nelle menti dei bambini si sviluppa l'idea che la violenza e la crudeltà sono modi accettabili di combattere il male. Ad Amma questa tendenza non piace.

Dobbiamo indagare sulla causa primaria dell'odio e della rabbia. Ci arrabbiamo con chi non si comporta secondo le nostre aspettative. Quando ci aspettiamo amore da qualcuno ma non lo riceviamo, proviamo rabbia nei suoi confronti. Per contro, ci sentiamo felici quando qualcuno ci rispetta o ci sorride. Seguendo tale logica, tutti vogliono essere amati e rispettati dagli altri. Avendolo compreso, dobbiamo essere pronti ad amare e rispettare tutti.

Vedendo la sua bambina piangere forte, la madre le diede un giocattolo per distrarla. Poco dopo, la bimba riprese a piangere disperata. Se la madre le avesse dato un altro giocattolo, la piccola avrebbe potuto smettere di piangere ancora per un po'. In realtà la bimba non piangeva per avere un giocattolo, ma perché era affamata e voleva il latte. Le lacrime e il dolore della piccola spariranno solo quando la madre scoprirà il motivo delle sue lacrime e la nutrirà. Allo stesso modo, dobbiamo trovare dentro di noi le cause della nostra rabbia e del nostro odio invece di cercare una pace e una gioia temporanee.

Amma ricorda la storia di un devoto che andò in pellegrinaggio per cercare sollievo dal suo dolore e dalla sua tristezza. Viaggiò a lungo e affrontò molti disagi prima di raggiungere un luogo sacro che era gremito di fedeli. Mentre tutti pregavano in silenzio davanti al santuario, qualcuno gli pestò accidentalmente un piede. Incapace di controllare l'ira, l'uomo dimenticò dove si trovava e si mise ad urlare contro il fedele che involontariamente gli aveva schiacciato il piede. Non solo questo pellegrino perse la propria serenità, ma rovinò anche la pace e la tranquillità che regnavano in quel luogo santo interrompendo scortesemente le preghiere di tante persone.

Figli, non comportatevi mai così. Lo scopo del *japa* (ripetizione del mantra), della preghiera e dei pellegrinaggi è acquisire nobili qualità come la pazienza e un atteggiamento equilibrato. Solo quando abbiamo queste qualità possiamo sperimentare la pace e la gioia vere.

L'odio e la sete di vendetta portarono Rāvaṇa e Duryōdhana a distruggere non solo se stessi, ma anche la loro stirpe e il loro Paese. Non dimenticate mai che chi nutre rancore distrugge non solo gli altri, ma anche sé stesso. Possa la bontà risplendere nei miei figli!

37. Il carattere

Figli, uno dei motivi principali che porta alla rottura delle relazioni è la collera sfrenata. Spesso ci arrabbiamo per questioni banali. Se esercitassimo un po' di autocontrollo, potremmo evitare molti problemi causati dalla rabbia. A volte, per un malinteso, perdiamo le staffe anche con chi è innocente. Per quanto gli chiediamo scusa dopo aver capito il nostro errore, il suo cuore ferito non ci perdonerà mai completamente. Pertanto, dobbiamo imparare a controllare il nostro temperamento. Se qualcosa ci irrita fortemente, armiamoci di pazienza invece di reagire impulsivamente. A poco a poco, riusciremo a vincere l'abitudine di perdere la calma. Una donna disse a un'amica: "Ogni giorno, quando mio marito torna a casa dal lavoro, iniziamo a litigare. Conosci un modo per evitarlo?".

L'amica rispose: "Non preoccuparti, ho con me il rimedio giusto. Non appena tuo marito inizia a parlare con rabbia, bevine un sorso. Non inghiottirlo, ma tienilo in bocca". Così dicendo, le diede un flacone. Quella sera, non appena il marito si infuriò, la donna prese un sorso e tenne la medicina in bocca. Dopo un po', il marito si calmò. La stessa cosa si ripeté nei due giorni successivi. Stupita, l'indomani la moglie disse all'amica: "Il tuo rimedio è davvero efficace! Non litighiamo da tre giorni. Dimmi come prepararlo in modo che possa farlo io stessa".

L'amica rispose: "Te lo dirò, ma prima aspetta altri sei mesi".

Passarono sei mesi. In casa non si litigava più e regnava un'atmosfera d'amore e di pace. Un giorno l'amica disse: "Ora ti svelerò il segreto della medicina. Non ha nessun ingrediente speciale: in effetti è semplice acqua. Quando la tenevi in bocca e non potevi parlare, la mente di tuo marito si calmava e anche la tua mente aveva un po' di tempo per calmarsi. Tutto qui".

Questa storia ci fa capire che, se siamo disposti ad essere un po' tolleranti, nella vita ritorneranno la pace e la contentezza.

Quando siamo arrabbiati, tratteniamoci dal dire tutto ciò che ci verrebbe in mente e asteniamoci anche dal mettere in pratica le decisioni che prenderemmo in quel frangente. La collera è come una ferita mentale aperta: dobbiamo innanzitutto cercare di curarla. La pazienza e il discernimento sono i soli antidoti alla collera. Quando riflettiamo su cos'era successo, diventiamo capaci di riconoscere le nostre debolezze, vediamo chiaramente i nostri pensieri come fossero riflessi in uno specchio pulito e ci rendiamo conto di quanto sia meschina la collera e sia nobile il perdono.

38. La guerra e i conflitti

Figli, molte Grandi Anime hanno lavorato instancabilmente per la pace nel mondo e tante si battono per questo ideale ancora oggi. Eppure, non vediamo molti cambiamenti. Guerra, conflitti, povertà e fame esistono tuttora e parecchi si chiedono se sia possibile una soluzione duratura a questi problemi.

La guerra e i conflitti a cui assistiamo nel mondo sono l'espressione dei conflitti interiori che si scatenano nella mente umana. La mente dovrebbe diventare un nostro servo obbediente, ma al momento ci sta dominando e manipolando. L'odio, la rabbia e la crudeltà della mente umana sono molto più letali di tutti gli esplosivi del mondo esterno. Se non eliminiamo queste emozioni tossiche, la guerra e i conflitti continueranno a prevalere.

Un usignolo era appollaiato su un albero e stava cantando melodiosamente quando un cacciatore lo catturò con l'intenzione di ucciderlo.

Guardandolo negli occhi, l'uccellino disse, implorante: "Ti prego, non uccidermi. Lasciami andare!". L'appello straziante dell'usignolo commosse il cacciatore che, in quel momento, prese coscienza della netta differenza tra questo uccellino che volava qua e là spensierato gorgheggiando allegro, e il suo modo di vivere malvagio e crudele. "Ti lascerò libero a una condizione: devi dirmi il segreto della tua gioia", rispose l'uomo.

L'usignolo rispose: "Ho paura di te. Prima lasciami andare e poi ti svelerò il segreto della mia gioia".

Il cacciatore lo liberò. Mentre volava via, l'uccellino disse: "È il male che dimora in te a causarti così tanto dolore e infelicità. Il tuo cuore è oscurato dalla crudeltà. Noi, invece, non abbiamo mai fatto del male a nessuno. È la bontà nel nostro cuore la sorgente della nostra gioia".

Le parole dell'usignolo aprirono gli occhi del cacciatore, che abbandonò la strada della crudeltà per prenderne un'altra nella vita.

I nostri cuori dovrebbero sciogliersi nel vedere la sofferenza e l'infelicità degli altri. La compassione che abbiamo nel cuore deve rispecchiarsi nelle nostre azioni. La compassione è la risposta a tutti i problemi del mondo racchiusa in una sola parola. Se dovessimo rispondere con due parole, esse sarebbero "amore e compassione". Se invece la risposta fosse in tre parole, esse sarebbero: amore, compassione, pazienza. La guerra e i conflitti finiranno solo quando la mente di ognuno sarà piena di compassione.

39. Le critiche

Figli, è naturale sentirsi feriti, arrabbiati e demoralizzarsi quando si viene criticati, ma queste reazioni esauriscono la nostra energia. Se non permettiamo alle emozioni di renderci schiavi ed esercitiamo il discernimento, possiamo affrontare le critiche con equanimità e imparare da esse. In questo modo progrediremo e avremo successo nella vita.

Non è facile prendere coscienza dei propri errori e delle proprie debolezze ed è per questo che dovremmo considerare chi ci critica come il nostro migliore maestro perché ci aiuta ad accorgerci delle nostre mancanze. Chi ci elogia non può farlo. Quando gli altri ci fanno delle osservazioni o esprimono antipatia nei nostri confronti, chiediamoci: "Perché mi hanno mosso delle critiche? Ho fatto qualcosa di sbagliato che ha suscitato queste osservazioni?". In tal modo possiamo trasformare le critiche e le accuse in passaggi fondamentali per la nostra crescita. Un bambino si sentirà imbarazzato e si arrabbierà se gli amici gli faranno notare le macchie sul suo vestito. Potrebbe persino provare risentimento nei loro confronti. Se però qualcuno dice a un adulto che ha delle macchie sul suo abito, questi non si offenderà ma proverà solo gratitudine. Non proverà neppure imbarazzo perché non vedrà le macchie come un difetto caratteriale.

Il bambino non ha però questo discernimento e quindi in quella situazione si sente a disagio e reagisce con rabbia. Se però il suo comportamento o le sue azioni vengono criticati, anche l'adulto si sentirà sicuramente turbato e si arrabbierà. Non dimostrerà il distacco che aveva avuto quando gli avevano fatto notare alcune macchie sul vestito, perché si identifica con il proprio comportamento e le proprie azioni; non riesce ad osservarli con distacco, come un testimone. Se ne è capace, può accettare con calma qualsiasi critica o accusa e correggersi se la reputa valida. Potrebbe perfino giungere a ringraziare chi gli ha mosso delle critiche. Se le critiche e le accuse sono infondate, riderà di gusto.

Come lo stelo del loto trae nutrimento dal fango in cui sono le sue radici e produce fiori bellissimi e profumati, così, noi dobbiamo imparare a diventare consapevoli e trarre energia dal fango delle critiche. Se ci riusciremo, la pianta della nostra vita produrrà i fiori della pace e della felicità.

40. Spiritualità e povertà

Figli, alcuni dicono che la responsabile della povertà in India (Bhārat) è la sua cultura spirituale. Ma la spiritualità non è contro le ricchezze o il benessere materiale; al contrario, ne favorisce persino la crescita. Fin dal passato, il benessere materiale è ritenuto uno degli obiettivi della vita assieme al *dharma* (vita retta) e a *mōkṣha* (liberazione spirituale). Stiamo però attenti a non accumulare ricchezza in modo illecito o per motivi egoistici.

Molto tempo fa, il popolo indiano viveva in modo spirituale e questo faceva sì che fosse anche materialmente prospero. Pian piano alcuni cominciarono a diventare avidi, a competere tra loro per la ricchezza, il potere e la posizione sociale. L'orgoglio e la gelosia li portarono ad abbandonare il *dharma* e a dimenticare Dio.

La discordia crescente minò l'unità e la forza del Paese, che divenne una facile conquista delle potenze coloniali, che dominarono l'India per molti secoli. La spogliarono di ogni sua ricchezza, lasciandola in una situazione drammatica. Come sarà difficile piantare un seme nel deserto e prendersene cura affinché germogli e diventi una pianticella sana! Questo è lo stato in cui si trova l'India. Dobbiamo impegnarci fino in fondo per renderla di nuovo verde e rigogliosa.

Purtroppo, la verità è che non abbiamo imparato nemmeno da queste amare esperienze. La maggioranza della gente è concentrata sul suo profitto invece che sullo sviluppo della nazione e non comprende che la vera prosperità materiale si può ottenere solo abbracciando la spiritualità. Se continuiamo così, dimenticando il patrimonio ereditato dal passato, dovremo pentircene amaramente.

La natura ha fornito risorse sufficienti per lo sviluppo sostenibile del Paese. Se le utilizziamo in modo corretto, porremo fine alla povertà. Dopo l'indipendenza dell'India non abbiamo però sfruttato adeguatamente le nostre risorse naturali. Mentre altri stati stanno trasformando i deserti in terreni agricoli, noi stiamo trasformando i nostri campi fertili in terre desolate. Lo sviluppo rurale non è ancora una priorità. Perché possa diventarlo, al termine dei loro studi superiori, i giovani dovrebbero andare nei villaggi e informare gli abitanti sulle misure di sostegno stanziate dal governo. Devono motivare le comunità rurali a considerare la nazione come la loro casa e ispirare la gente ad utilizzare i terreni coltivabili per attività agricole. Allo stesso tempo, devono anche condividere con loro la nostra cultura spirituale.

La spiritualità ci insegna a dare più di quanto prendiamo dalla società. Quando assimiliamo i princìpi spirituali, diventiamo più attenti agli altri. Iniziamo a vederli come noi stessi e ad essere disposti a condividere con loro tutte le nostre risorse. Gli antichi saggi ci esortavano a guadagnare denaro come se avessimo cento mani e a condividerlo come se ne avessimo mille. Se assimiliamo questo messaggio, il futuro dell'India sarà glorioso.

41. Il cambiamento

Figli, non c'è nessuno che non desideri un cambiamento. Tutti vogliono superare le proprie debolezze fisiche e mentali e liberarsi dalle emozioni e dalle abitudini negative, ma la maggior parte di noi non ha un'idea chiara di come cambiare.

È difficile cambiare la propria natura ed è per questo che spesso cambiamo solo il nostro comportamento e non il nostro carattere. Invece di eliminare l'ego, molti lo nascondono magistralmente e indossano la maschera dell'umiltà. Reprimiamo o nascondiamo emozioni come la rabbia, la gelosia e l'odio. Tuttavia, reprimere un'emozione non ci permette di controllarla né di evitare che ricompaia.

Un giorno, alcuni malintenzionati sparsero delle spine appuntite nei cortili di due vicini di casa. Quando le vide al mattino, il primo le coprì con uno strato di terra, risolvendo così il problema.

Il secondo vicino raccolse pazientemente tutte le spine e le gettò nel fuoco riducendole in cenere. Entrambi avevano risolto il problema.

Ma cosa accadde alla prima pioggia? Il giardino del primo uomo si riempì di spine. Non solo, dovette lavorare il doppio del vicino per raccoglierle tutte.

Lo stesso accade con le emozioni negative. Riuscire temporaneamente a reprimerle non significa averle estirpate per sempre. Invece di reprimere o nascondere le tendenze negative, affrontiamole impugnando le armi della vigilanza e del discernimento. Dobbiamo innanzitutto decidere fermamente di non voler mai più diventare schiavi di tali emozioni e pensieri. Ogni volta che sorgono, prendiamone coscienza e distacchiamocene. Poi cerchiamo di scoprire perché sorgono questi pensieri e sforziamoci di eliminarne le cause.

Il motivo principale per cui agiamo secondo le nostre *vāsanā* (tendenze latenti) è la mancanza di vigilanza. Se il guardiano di notte che sorveglia la casa rimane sveglio e vigile e porta con sé una torcia nel suo giro d'ispezione, nessun ladro potrà entrare in quella casa. Una persona che è decisa a non cedere a nessuna debolezza e osserva ogni singolo pensiero che sorge, nota ogni pensiero negativo che compare nella sua mente vigile e lo sa controllare. Non è possibile eliminare istantaneamente le cattive abitudini. Tuttavia, uno sforzo costante e una forte determinazione ci porteranno alla vittoria. In tal modo potremo trasformare completamente la nostra vita.

42. La meditazione

Figli, la vera conoscenza si ottiene quando si ha imparato a concentrare la mente e questo è possibile attraverso la meditazione.
La meditazione aiuta a ridurre lo stress e ad alleviare l'ansia. Grazie alla meditazione possiamo gustare la beatitudine e la pace interiore. Questa pratica ci rende più belli, più longevi, dona maggiore forza e salute, stimola intelligenza e infonde energia.

Per prima cosa occorre imparare a meditare correttamente in solitudine. Non è necessario credere in Dio per meditare. Esistono molte tecniche di meditazione. Durante la meditazione possiamo focalizzare la mente su qualsiasi parte del corpo, concentrarci su un punto, oppure immaginare di diventare tutt'uno con l'infinito. Se preferiamo, fissiamo pure lo sguardo sulla fiamma di una lampada. Possiamo accendere una candela o una lampada in una stanza buia e fissare la fiamma per molto tempo. La fiamma non deve tremolare. Possiamo anche immaginare la fiamma nel cuore o tra le sopracciglia o concentrarci sulla luminosità interiore che appare guardando quella fiamma.

Chi ama meditare su una forma può visualizzare la propria *iṣhṭa-dēvatā* (la forma preferita della divinità) al centro della fiamma. Sarebbe però meglio visualizzare l'*iṣhṭa-dēvatā* in piedi tra le fiamme di un fuoco sacrificale, perché in tal modo possiamo immaginare di offrire alle fiamme la nostra gelosia, il nostro ego e altre negatività.

Per i principianti, la meditazione su una forma è più facile di quella sul senza forma. Meditare sulla propria *iṣhṭa-dēvatā* aiuta la mente a concentrarsi su di Lei e favorisce la crescita delle qualità *sattviche*[7] della divinità in noi. Mettete dinanzi a voi una piccola immagine della vostra divinità preferita e poi sedete e fissatela per un po'.

Infine chiudete gli occhi e cercate di visualizzare chiaramente questa forma nella vostra mente. Quando la forma non è più così nitida, aprite gli occhi e guardate di nuovo l'immagine. Dopo qualche istante richiudeteli e immaginate di parlare con la vostra *iṣhṭa-dēvatā*. AbbracciateLa mentalmente e supplicateLa dicendo: "Ti prego, non lasciarmi!". Se meditiamo costantemente in questo modo con attenzione, la forma della divinità apparirà con chiarezza nel cuore.

Per sua natura, la mente ama vagabondare ed è per questo che meditare è simile al cercare di spingere sott'acqua un pezzo di legno vuoto alla deriva. Quando lasciamo la presa, tornerà subito a galla. La mente si comporta allo stesso modo. Ecco perché, inizialmente, dovremo forse forzarla un po' per farla meditare. Ma una volta acquisito il gusto per la meditazione, non occorrerà più alcuna imposizione e proveremo gioia praticando.

Se meditiamo regolarmente, pian piano la mente si acquieta fino a placarsi completamente. Il Sé supremo risplende in questa mente tranquilla come il riflesso del sole sull'acqua immobile di un lago.

---

[7] *Sattva* è uno dei tre *guṇa*, i tre attributi o elementi costitutivi della natura, le cui caratteristiche sono l'armonia, la bontà, la verità e la serenità. Gli altri due *guṇa* sono *rajas* e *tamas*.

43. I modi di concepire il Divino

Figli, alcuni criticano ed etichettano come primitivo il culto di Gaṇapati, dalla testa d'elefante, e di Hanumān, dal corpo di scimmia. Di primo acchito, tale osservazione potrebbe sembrare valida, ma se prestiamo maggiore attenzione, ci accorgiamo che l'adorazione di queste forme è basata su princìpi, ideali e fini nobili.

Amma ha visto alcuni quadri sulle pareti di molte case in Occidente. Una volta, vide un dipinto incomprensibile per un profano: qualche pennellata in quattro o cinque colori. Sembrava che qualcuno avesse intinto una scopa nel colore per poi spalmarlo sulla tela! Ma questo quadro valeva 500.000 dollari.

Erano state assunte delle guardie per proteggerlo e avevano installato telecamere di sicurezza. Sebbene noi non capissimo il dipinto, i proprietari erano in grado di parlarne per ore e ore. Nessuno considera questo pittore un pazzo. Anzi, viene acclamato come un grande artista. Nessuno chiede ai proprietari del quadro perché l'abbiano pagato un tale prezzo quando così tante persone muoiono di fame. Il quadro non ha meno valore solo perché la gente comune non ne comprende il significato.

Allo stesso modo, solo quando riusciremo a comprendere i princìpi che stanno alla base delle divinità della religione induista potremo apprezzarne la grandezza. La vera ricchezza di Bhārat è la sua cultura. Eppure non facciamo nulla per comprenderla. La nostra fede si limita ai riti e alle feste tradizionali, ma tale fede è così debole che basta che qualcuno muova qualche critica per perderla. Ecco perché dobbiamo sforzarci di comprendere le basi scientifiche della nostra cultura. Nel Sanātana Dharma, Dio è la coscienza onnipervadente al di là di ogni attributo, nome e forma. Al contempo può assumere qualsiasi forma per benedire i devoti. Come il vento può soffiare come una brezza leggera, una forte raffica o turbinare come un uragano, così l'Onnipotente, che governa il vento, può adottare illimitati *bhāva* (stati d'animo divini). Per questo motivo, adoriamo l'unico Dio in forme diverse come Viṣhṇu, Śhiva, Gaṇapati, Hanumān, Durgā e Saraswatī.

Le diverse qualità del Divino si manifestano nelle varie divinità. Hanumān rappresenta il principio di sottomissione dell'irrequieta mente-scimmia. Il Praṇava (Ōm) è il suono primordiale. Pertanto, Gaṇapati, che ha la forma del Praṇava, va giustamente adorato per primo. Allo stesso modo, vi sono significati sottili nelle forme di tutte le divinità. Indipendentemente dalla forma del Divino che adoriamo, giungeremo infine alla Verità suprema senza forma.

44. La pratica del japa

Figli, riuscire a controllare e focalizzare la mente è un problema che assilla la maggior parte delle persone. Basta chiudere gli occhi per vedere quanto la mente sia irrequieta. Anche mentre preghiamo nel tempio, i nostri pensieri sono sulle faccende da sbrigare una volta arrivati a casa. Il *mantra-japa*, la ripetizione del mantra, ci permette di fissare la mente irrequieta su un unico pensiero. Recitare costantemente un nome o un mantra riduce l'incredibile molteplicità di pensieri e la mente diventa più concentrata. "Vietato affiggere manifesti": con queste tre parole siamo sicuri che il muro non sarà tappezzato di annunci pubblicitari o altre comunicazioni.

Allo stesso modo, con un unico pensiero, il mantra, possiamo far cessare il vagabondare della mente. Ridurre la quantità di pensieri è salutare e favorisce la longevità.

Ci si potrebbe chiedere se non sorgeranno pensieri perfino mentre si recita il mantra. Anche se sorgono, non saranno troppo dannosi. Un pensiero è come un bambino: quando il bambino dorme, la madre può lavorare senza essere disturbata, ma non appena il piccolo si sveglia e inizia a piangere, le sarà difficile finire ciò che sta facendo. Allo stesso modo, i pensieri che compaiono durante il *japa* non sono pericolosi e non ci creeranno problemi.

È meglio iniziare la recitazione dopo che il Guru ci ha iniziato a un mantra. Per fare lo yogurt, aggiungiamo un po' di yogurt al latte. Allo stesso modo, per trarre tutti i benefici dal *japa*, occorre ricevere un mantra dal Guru. Tuttavia non è necessario aspettare fino a quel momento per praticare il *japa*. Possiamo iniziare recitando un nome del Divino o un mantra che ci piace, quali, ad esempio, Ōm namaḥ Śhivāya, Ōm namō Nārāyaṇāya, Ōm parāśhaktyai namaḥ o qualsiasi altro mantra. Chi ama il nome di Gesù, Allah o Buddha può ripeterlo. Durante il *japa* ci si può concentrare sulla forma della nostra amata divinità o sul suono del mantra. Ad ogni ripetizione del mantra si può immaginare di offrire un fiore ai piedi della divinità prediletta, oppure focalizzarsi su ogni sillaba del mantra. Qualunque sia la tecnica adottata, l'importante è non permettere alla mente di vagare e riportarla sempre a ricordare Dio.

Possiamo praticare in qualsiasi momento. Possiamo recitare il mantra mentre siamo seduti, camminiamo o viaggiamo; questi sono tutti momenti ideali per praticare. Solo quando questa recitazione diventa abituale, si placa il flusso incontrollato di pensieri. Tenete sempre con voi un rosario e utilizzatelo per ripetere ogni giorno il numero di mantra che avete deciso. In questo modo vi è più facile abituarvi a praticare. All'inizio è meglio che questa pratica non sia troppo lunga perché potrebbero insorgere disturbi fisici e mentali. Cominciate con brevi sessioni di *japa* e poi aumentate gradualmente la durata finché non diventa un'abitudine. In seguito, la mente reciterà costantemente il mantra senza alcuno sforzo.

Alcune persone recitano un mantra per qualche giorno e poi, pensando che non sia abbastanza potente, lo sostituiscono con un altro "più potente". Cambiare periodicamente il mantra non ci aiuterà. Indipendentemente da qual è il mantra, la recitazione regolare e disciplinata stabilizzerà gradualmente la mente. Pertanto, atteniamoci a un solo mantra.

Poiché il *japa* può essere praticato facilmente da chiunque, la maggior parte delle religioni lo ritiene una *sādhana* (pratica spirituale). La pratica regolare del *japa* apporta pace, rende concentrata la mente e ci aiuta a svolgere le nostre attività quotidiane con maggiore abilità ed efficienza.

45. Il sacrificio

Figli, l'obiettivo della vita umana è la pace e la libertà eterne. Quando questa consapevolezza si radica profondamente nella mente, svanisce il desiderio degli oggetti del mondo. Tuttavia non possiamo dire che questo sia un vero e proprio sacrificio. Il sacrificio è completo solo quando rinunciamo ai concetti di "io" e di "mio". Non è la cosa a cui rinunciamo, ma la motivazione di base che conta.

Se nostro figlio si ammala, lo portiamo all'ospedale. Se non riusciamo a trovare una macchina che ci porti lì, andremo a piedi con il bambino, anche se l'ospedale è lontano. Saremo pronti a supplicare tutto il personale dell'ospedale per farlo ricoverare. Se non c'è una camera privata disponibile, andremo nel salone dove ci sono più letti e ci sdraieremo a terra vicino a nostro figlio. Prenderemo molti giorni di ferie per assisterlo e aiutarlo a guarire. Ma tutti questi disagi a cui ci sottoponiamo per il bene di nostro figlio non possono essere considerati atti di rinuncia. Per poco meno di 400 metri quadri di terra siamo disposti a comparire in tribunale innumerevoli volte in nome del diritto di proprietà. Potremmo rinunciare al sonno per fare straordinari e guadagnare di più. Non possiamo definire nessuna di queste azioni un sacrificio. Rinunciare ai propri piaceri e alle proprie comodità per aiutare qualcuno è un sacrificio. Lavorare duramente, sopportare difficoltà e usare il denaro così guadagnato per aiutare un povero è un sacrificio. Quando la bambina del nostro vicino si ammala e siamo pronti a stare con lei in ospedale senza aspettarci nulla in cambio, nemmeno un sorriso, possiamo dire che questo è un sacrificio.

Agire senza il senso dell'io e del mio pensando al bene del mondo ed offrire tali azioni a Dio è un nobile sacrificio. Questi atti di abnegazione aprono le porte al mondo del Sé e solo queste azioni possono essere chiamate karma-yōga. Al contrario, rinunciare a qualcosa con il senso dell'io e del mio non è degno di essere chiamato sacrificio.

Un uomo ricco voleva diventare un *sanyāsī*, prendere i voti monastici. Donò tutte le sue ricchezze a favore di molte nobili cause. Diventato monaco, si recò sulla cima di una montagna e costruì una piccola capanna in cui vivere. Quando si seppe che un *sanyāsī* viveva in cima alla montagna, molte persone andarono da lui. Il monaco diceva a tutti una sola cosa: "Sapete chi sono? Sapete quanto ero ricco? Sono io che ho donato i soldi per l'enorme edificio scolastico che vedete laggiù. Sono miei anche i fondi donati per costruire l'ospedale accanto alla scuola e perfino il tempio che vedete è sorto grazie al mio denaro". Sebbene avesse rinunciato a tutte le sue ricchezze per intraprendere la vita religiosa, non aveva rinunciato al senso dell'io. Come può essere considerato questo modo d'agire una rinuncia?

Quando incontriamo un'amica che non vediamo da tanto potremmo regalarle un mazzo di fiori. I primi a godere della bellezza e del profumo dei fiori siamo noi e siamo sempre noi a provare soddisfazione per il nostro atto. Analogamente, a nostra insaputa, il servizio disinteressato ci dona immensa gioia e contentezza. Chi è impegnato a servire altruisticamente e non può recitare il mantra o meditare per mancanza di tempo, non deve preoccuparsi: conseguirà l'immortalità. La sua vita altruistica sarà di beneficio a tutti. La compagnia di una tale persona è il più grande *satsang*.

46. La preghiera e la fede

Non pochi devoti raccontano con dolore ad Amma che, anche dopo molti anni di preghiere, le loro pene e sventure non sono diminuite. La maggior parte delle persone prega affinché vengano esauditi i loro desideri o per paura: "Signore, esaudisci questo mio desiderio!". Oppure: "Ti prego, non fare che mi succeda questa cosa!". Queste preghiere non significano forse che costoro sanno meglio di Dio ciò che è meglio per loro, o che sono, in breve, più grandi di Lui? Credono davvero che Dio, che li ha creati, ha anche creato il mondo e li ha sempre protetti, non sappia cosa è bene e cosa è male per loro? Pensano che pregare significhi presentare a Dio un elenco di ciò che amano e non amano. La preghiera non è una lista di desideri personali.

Questo non vuol dire che non dobbiamo condividere le nostre sofferenze con Dio. ApriamoGli pure il nostro cuore. Farlo, darà alla mente un po' di sollievo. Ma ciò che è importante è sforzarci di ricordarLo con amore, trascorrere ogni giorno un po' di tempo meditando su Dio, recitando il nostro mantra e cantando i *bhajan* (canti devozionali). Se andiamo in un tempio è perché l'atmosfera del posto ci aiuta a ricordare il Signore. Non pensiamo di ricevere la Sua grazia solo perché crediamo in Lui. Dobbiamo agire in accordo con questa fede. Non guariremo da una malattia solo perché crediamo nel medico, giusto? Allo stesso modo, fede e sforzo devono andare di pari passo.

Sebbene Dio sia dentro di noi, al momento non siamo in grado di avvertire pienamente la Sua presenza. Ci possiamo però riuscire con la devozione. La preghiera, la meditazione e il ricordo costante di Lui legano fortemente la mente a Dio. In tal modo percepiremo sempre la Sua presenza.

Una volta due coniugi andarono in crociera. Improvvisamente il cielo si oscurò. Vi fu un grande rombo di tuoni e cominciò a piovere a dirotto. Forti venti cominciarono a scuotere violentemente la nave. Temendo per la propria vita, tutti i passeggeri furono presi dal panico. Solo il marito rimase calmo, nonostante quello che stava accadendo.

Sua moglie invece cominciò a urlare terrorizzata. Il marito tentò di calmarla, ma per quanto si sforzasse, non ci riuscì. Alla fine, esasperato, estrasse una pistola dalla borsa, la puntò contro la donna e le disse: "Non dire un'altra parola. Se lo fai, ti uccido!".

Vedendo la pistola, la moglie rispose con noncuranza: "Pensi davvero di potermi intimidire?".

"Non provi nemmeno un po' di paura alla vista di questa pistola?".

La donna rispose: "So che è un'arma mortale, ma finché è nelle tue dolci mani, non ho paura. So che non mi farai mai del male".

"Allo stesso modo", replicò il marito, "io so che questo forte vento è controllato da Dio, Colui che adoro, e credo fermamente che il Signore non mi farà mai del male. È per questo che sono in grado di affrontare questo grave pericolo senza paura".

Figli, quando diventeremo consapevoli che ogni sfida della vita viene da Dio, sapremo affrontare qualsiasi situazione senza paura. Questo non significa che possiamo rimanere con le mani in mano. Facciamo ciò che è necessario fare, accettando al tempo stesso ciò che non possiamo cambiare come volontà divina. Se ci riusciremo, potremo sentirci in pace vivendo in questo mondo.

47. Il sorriso

Figli, un dolce sorriso sul volto è un'espressione esteriore della coscienza divina in noi. Dove c'è un sorriso sincero, ci sono sempre amore, felicità, compassione e pazienza. Il sorriso illumina la nostra vita. Un sorriso sincero è come una luce che disperde le tenebre del dolore e dell'amarezza dal cuore degli altri.

Un uomo era in piedi sul ciglio della strada e aveva un'aria disperata. Era stato rifiutato da tutti e aveva perso la voglia di vivere. Una bambina che passava di lì gli rivolse un dolce sorriso. Questo sorriso gli diede immenso conforto.

Il pensiero che ci fosse almeno una persona al mondo che gli sorridesse gli ridiede vita. Pensò a un amico che lo aveva aiutato anni prima quando si trovava in difficoltà e gli scrisse subito una lettera. Quando l'amico ricevette la lettera da quest'uomo che non sentiva da anni, si sentì al colmo della gioia. Regalò dieci centesimi a un povero, che comprò un biglietto della lotteria. E, meraviglia delle meraviglie, questo biglietto vinse il primo premio!

Dopo aver riscosso la vincita, l'uomo vide un mendicante malato che giaceva sul ciglio della strada e pensò: "Dio mi ha benedetto donandomi questo denaro. Aiuterò questo mendicante". Portò l'uomo all'ospedale e pagò le sue cure. Quando, dopo essersi ripreso, il mendicante uscì dall'ospedale, vide un cucciolo caduto in una pozza d'acqua. Era completamente fradicio e troppo debole per camminare; guaiva disperato per il freddo e la fame.

Il mendicante lo prese in braccio e lo avvolse nei suoi vestiti. Poi accese un piccolo fuoco per riscaldare il cucciolo tremante e condivise con lui il suo cibo. Il cibo saziò il cagnolino e il fuoco lo riscaldò. Avendo ripreso le forze, il cucciolo cominciò a seguire il mendicante. Quando scese la sera, l'uomo bussò a una casa e chiese ai proprietari se potesse dormire lì. Gli permisero di passare la notte all'esterno, nella veranda. Nel cuore della notte, tutti furono svegliati dall'abbaiare incessante e furioso del cane e videro che una parte della casa dove c'era la camera da letto in cui dormiva il loro unico bambino, era in fiamme. I genitori corsero a prenderlo e grazie agli sforzi di tutti fu possibile spegnere l'incendio prima che si propagasse ulteriormente. L'avere dato ospitalità al mendicante e al suo cucciolo si rivelò essere una benedizione per la famiglia.

Il tutto era iniziato con il sorriso innocente di una bambina che aveva rivolto un semplice sorriso a un uomo sul ciglio della strada. Ma quante vite aveva toccato questo sorriso! Questo sorriso era stato capace di risvegliare l'amore e la compassione nel cuore di tante persone e di illuminare le loro vite.

Anche se non possiamo essere di grande aiuto, cerchiamo di rivolgere un sorriso sincero e pronunciamo parole amorevoli a chi è addolorato e solo.

48. Il Signore Kṛiṣhṇa

Figli, il Signore Kṛiṣhṇa aveva una personalità poliedrica: ha donato al mondo la *Bhagavad Gītā*, ristabilito il *dharma* (rettitudine) ed era un abile stratega politico. Ma più di tutto, era l'incarnazione stessa dell'amore, Colui che riversava amore su ogni cosa.

Un giorno uno studioso di Dwārakā si recò a Vṛindāvan. Tutte le *gōpī* (le pastorelle) si radunarono ansiosamente intorno a lui, desiderose di avere notizie del loro Signore. Lo studioso disse loro: "Il Signore conduce una vita lussuosa e felice a Mathurā. Che peccato che non vi abbia portato con sé! Ha reso ricchi Akrūra e Kuchēla e per Satyabhāmā ha fatto discendere dal cielo il Kalpavṛikṣha, l'albero che esaudisce i desideri. Non lo sa che voi vivete ancora in capanne di paglia?".

Nell'udire queste parole, le *gōpī* risposero: "Sapere che il nostro Signore è felice ci riempie di gioia. Ci hai fatto notare che noi viviamo nelle capanne. Quando il nostro Signore era piccolo, i Suoi piedini hanno onorato tutte queste capanne e quindi esse sono per noi più preziose di qualsiasi palazzo. Ai nostri occhi, ogni singolo albero a Vṛindāvan è un Kalpavṛikṣha. Quanti sacri ricordi del nostro Signore ci suscitano questi alberi! Essi sono l'unica ricchezza eterna e indistruttibile. La nostra unica preghiera è che queste memorie ci accompagnino per sempre. Per noi, nessun palazzo né Kalpavṛikṣha è più prezioso di questi ricordi".

Vedendo l'innocenza piena di devozione delle *gōpī*, gli occhi dell'uomo si riempirono di lacrime. Poi disse: "Quando ebbi il darshan del Signore a Dwārakā, esclamai: 'Signore, la mia vita si è compiuta oggi!'. Lui rispose: 'Hai visto solo il mio corpo, ma per vedere il mio cuore, devi andare a Vṛindāvan'. Solo ora capisco il significato di queste parole. Ho compreso cos'è la vera devozione".

La mente delle *gōpī* era sempre rivolta a Kṛiṣhṇa, anche quando adempievano ai doveri famigliari: che macinassero il grano, facessero il burro o svolgessero altri lavori, recitavano costantemente il Suo nome. I barattoli delle spezie come il peperoncino e il coriandolo portavano l'etichetta con i nomi di "Kṛiṣhṇa" o "Gōvinda". Quando le pastorelle vendevano il latte e il burro, non chiedevano: "Vuole del latte? Vuole del burro?", ma gridavano: "Vuole Acyuta? Vuole Kēśhava?". Se il nostro amore è innocente, la mente sarà rivolta a Dio pur nella frenetica vita quotidiana.

Le *gōpī* non erano né molto istruite né molto ferrate nelle Scritture. Tuttavia, la loro innocente devozione per Kṛiṣhṇa accordò loro ciò che gli yogi non riescono a ottenere nemmeno dopo secoli di *tapas*, di pratiche ascetiche. Tale è la grandezza della devozione.

La vera devozione è l'abbandono di sé a Dio, consapevoli che Lui è l'Uno che si manifesta in tutto il Suo splendore attraverso l'intero creato e le Sue varie manifestazioni.

Ricordare Kṛiṣhṇa

Figli, quali sono il pensiero e le parole che compaiono non appena pensiamo al Signore Kṛiṣhṇa? Non è facile rispondere. Ognuno darà una risposta diversa perché Dio non può essere colto dalla mente né frammentato in tanti concetti. Una cosa però è certa: la Sua melodia divina è dolce, incantevole, affascinante. Kṛiṣhṇa amava le piume di pavone, il flauto, la pasta di sandalo e le ghirlande di tulasī. L'incantevole bellezza della piuma di pavone, la dolcezza della melodia che fluiva dal flauto, la grazia rinfrescante della pasta di sandalo e la purezza del tulasī non erano circoscritti alla sola forma fisica di Kṛiṣhṇa, ma permeavano anche il Suo modo di comportarsi e di agire.

I poeti cantano la gloria infinita di Kṛiṣhṇa, un impareggiabile difensore del *dharma*, un abile stratega politico, il dispensatore della gloriosa *Bhagavad Gītā*, un avversario invincibile... Certo, tutto questo è vero ma, più di tutto, Kṛiṣhṇa era l'incarnazione stessa dell'amore. Effondeva amore su tutto e tutti, non solo sulle *gōpī* e sui *gōpa*, ma sull'intero creato, inebriandolo. In verità, Dio s'incarna per il bene dei devoti, per risvegliare la devozione nei cuori delle persone.

Si dice che l'amore abbia tre fasi. La prima è rappresentata dal fagiano. Alla vista della luna, il fagiano dimentica sé stesso e va in estasi, saziando il proprio cuore con i raggi argentati della luna. La sua mente non ha altri pensieri. Allo stesso modo, un vero devoto sarà costantemente assorto nel pensiero di Dio.

La seconda fase può essere paragonata al dolore della separazione che prova il bucero, un uccello assetato di acqua piovana. Perfino quando la sua gola si crepa per la secchezza e sta morendo di sete, non beve acqua dagli stagni o dai pozzi. Solo l'acqua piovana può placare la sua sete. Allo stesso modo, un vero devoto non avrà alcun desiderio per i piaceri mondani e implorerà costantemente Dio affinché diventi tutt'uno con Lui. Questa fase del cammino conduce alla perfezione della devozione.

La terza fase dell'amore, rappresentata dalla falena, consiste nel ricongiungimento dopo la separazione. Quando la falena vede il fuoco vi si getta con cieco entusiasmo. Offrendosi in sacrificio, si congiunge con l'amato. Non esistono più due entità distinte, non c'è più un "io". Tuttavia, per le *gōpī* (falene) il fuoco era il Signore, la cui natura è immortale. Non c'è morte quando si è bruciati nelle fiamme dell'immortalità: si diventa immortali. Risvegliate l'amore con il ricordo di Dio, nutritelo attraverso la separazione dal Divino e diventate voi stessi amore divenendo tutt'uno con Lui.

Dio non guarda alla posizione, al prestigio, alla classe sociale o al casato dei suoi devoti: guarda solo la purezza del loro cuore. Ecco perché le *gōpī* di Vṛindāvan erano le più amate da Kṛiṣhṇa. Ecco perché Kṛiṣhṇa rifiutò la sontuosa accoglienza di Duryōdhana ed accettò di dormire nella modesta dimora di Vidura. Ed ecco perché andò oltre la deformità di Kubjā, vedendone la bellezza.

Il Kṛiṣhṇa di Rādhā

Figli, è difficile descrivere Śhrī Kṛiṣhṇa poiché è al di là delle parole e dell'intelletto: è la Verità di fronte alla quale la parola e la mente vengono meno, incapaci di descriverla e di comprenderla. Śhrī Kṛiṣhṇa è conoscenza, beatitudine e amore e anche più di tutto questo. Fu un'incarnazione divina, la cui vita glorificò infinitamente il *Paramātmā* (il Sé Supremo) in modo ineguagliabile.

Si dice che Dio si incarni per proteggere il *dharma* e sconfiggere l'*adharma*, ma le incarnazioni divine, in particolare quella di Kṛiṣhṇa, hanno un obiettivo ancora più alto: risvegliare nel cuore umano la devozione. Un vero devoto non aspira nemmeno alla liberazione spirituale (*mōkṣha*) e ha un solo desiderio: ricordare Dio e servirLo. Il Signore Kṛiṣhṇa instillò questa forma suprema di devozione nelle *gōpī*. Il Suo corpo, le Sue parole, le Sue birichinate e le Sue gesta le colmarono di beatitudine. Non esiste potere né impresa più grande dell'amore. Ecco perché si dice che la più grande impresa di Kṛiṣhṇa non fu quella di sollevare il monte Gōvardhana, ma di risvegliare questo amore nelle *gōpī*.

Un giorno, le *gōpī* chiesero a Rādhā: "Rādhā, il Signore che abbiamo amato e considerato nostro per sempre ci ha abbandonato e adesso siamo orfane. La nostra esistenza non ha più senso. Perché dovremmo continuare a vivere? Perché il Signore, che è l'incarnazione stessa dell'amore, si è comportato in modo così crudele con noi?".

Rādhā rispose: "Non dite così. L'unico che possiamo considerare nostro per sempre è solo Dio. Però il Signore non è solo nostro: è di tutti. In questo mondo, molti desiderano vederLo e provare il Suo amore e il loro anelito è più grande del nostro".

Chinandosi per prendere dell'acqua dal fiume Yamunā, Rādhā aggiunse: "Guardate: l'acqua non scivolerà via finché le mie mani rimarranno a coppa, ma se stringo le dita per tenerla solo per me, perderò tutta l'acqua. Abbiamo cercato di tenere Dio solo per noi e di imprigionarlo a Vṛindāvan. Così, si è allontanato per farci capire che Dio dimora nel cuore di ogni creatura. Anche se ci ha lasciato, non siamo orfane. Ogni Sua azione è un'opera divina ed è un ricordo vivo dentro di noi. Finché manterremo vivi tali ricordi, il Signore sarà con noi e danzerà per sempre sulle rive del fiume dell'amore, nel santuario dei nostri cuori".

Grazie alla loro innocente devozione, le *gōpī* realizzarono rapidamente il Sé Supremo, quel Sé Supremo che gli antichi saggi invece riuscirono a realizzare solo dopo anni e anni di pratiche ascetiche.

Śhrī Kṛiṣhṇa venne al mondo con il sorriso e lo lasciò anche con il sorriso. Noi, invece, siamo venuti in questo mondo piangendo. Cerchiamo almeno di andarcene sorridendo. Che il sorriso imperturbabile di Kṛiṣhṇa diventi una fonte di ispirazione. Che l'amore per Kṛiṣhṇa si diffonda come la luce radiosa della luna nei cuori dei miei figli! Che il piccolo Kṛiṣhṇa giochi nei nostri cuori per sempre!

La devozione delle gōpī

Figli, molti maestri spirituali dicono che oltre ai quattro obiettivi della vita umana – *dharma* (rettitudine), *artha* (benessere materiale), *kāma* (soddisfazione dei desideri) e *mōkṣha* (liberazione) – c'è n'è un quinto: *bhakti* (devozione).

Un vero devoto non desidera nemmeno la liberazione e ha un solo scopo: ricordare e servire Dio sempre. Non vuole nient'altro. Per un vero devoto, la devozione non ha altri scopi. Quando la devozione ha come unico scopo la devozione stessa, l'individuo cessa di esistere e il suo abbandono è totale. Persino allora il desiderio di gustare la devozione per Dio permane nel suo cuore. Costantemente immerso nella beatitudine della devozione, diviene l'incarnazione stessa della beatitudine.

Un giorno Uddhava chiese a Kṛiṣhṇa: "Ho sentito dire che, tra tutti i Tuoi devoti, le *gōpī* ti sono più care. Ci sono molti altri devoti i cui occhi si riempiono di lacrime al solo sentire il Tuo nome. La melodia del Tuo flauto li fa scivolare in uno stato meditativo e dimenticano ciò che li circonda alla sola vista, seppure in lontananza, del Tuo bellissimo corpo blu. Cos'hanno di così speciale le *gōpī* che gli altri non hanno?".

A questa domanda, il Signore sorrise e disse: "Tutti i miei devoti mi sono cari, ma le *gōpī* hanno qualcosa di speciale: gli occhi degli altri devoti si riempiono di lacrime al sentire il mio nome, ma per le *gōpī* ogni nome che sentono è il mio. Per loro, ogni suono è la musica che fluisce dal mio flauto. Ai loro occhi, ogni sfumatura di colore è blu. Sono perciò capaci di vedere l'unità nella diversità. Ecco perché mi sono più care".

Una donna il cui marito le è caro quanto la sua stessa vita, penserà a lui quando prenderà una penna per scrivergli una lettera. La sua mente sarà occupata solo dal pensiero di lui mentre prenderà la carta. Allo stesso modo, quando un devoto sincero sta preparando il necessario per un rituale (*pūja*), mentre dispone i vassoi, i bastoncini d'incenso, la canfora e i fiori, la sua mente è fissa su Dio. Il culmine della devozione è vedere il Creatore in ogni aspetto della creato. Ecco perché per le pastorelle nulla era diverso da Kṛiṣhṇa.

Possa il ricordo di Kṛiṣhṇa e delle *gōpī* di Vṛindāvan, che dimentiche di tutto il resto danzavano estatiche e vivevano gioiose, riempire di devozione, allegria e beatitudine i nostri cuori.

Servo dei devoti

Figli, lo scopo di ogni incarnazione divina è risvegliare la devozione nei cuori delle persone, purificando così le loro menti. Questo fu anche l'obiettivo del bellissimo gioco divino di Kṛiṣhṇa. Una volta, durante la festività di Ōṇam[8], le *gōpī* stavano giocando sull'altalena con Kṛiṣhṇa. Dopo un po', il Signore disse: "Adesso godiamoci il banchetto di Ōṇam. Andate a casa a prendere le pietanze e portatele sulle sponde del fiume Yamunā". Le *gōpī* fecero come gli era stato detto. Mentre Rādhā si dirigeva rapidamente con le vivande verso lo Yamunā, sentì qualcuno piangere: una bambina stava singhiozzando in una capanna e diceva alla mamma: "Perché mangiamo *kañji* (acqua con un po' di riso) anche per la festa di Ōṇam? Non voglio il *kañji*, voglio il riso!". La madre, impotente, rispose: "Figlia, non fare i capricci. Ti prego, prendi il *kañji*. Tuo padre è paralizzato e devo occuparmi di lui e di te. Ne ho chiesto un po' ai vicini, ma non me l'hanno dato. In qualche modo domani ti cucinerò del riso".

"L'hai detto anche ieri" ribatté la piccola scoppiando in un pianto dirotto.

Sentendo queste parole, il cuore di Rādhā si sciolse. Aprì silenziosamente la porta della loro cucina e senza far rumore posò il cibo che aveva con sé. Poi si tolse gli ornamenti d'oro e li mise accanto ai piatti. Infine prese la pentola con il *kañji* e si diresse verso le sponde del fiume Yamunā.

Quando arrivò, le *gōpī* erano già sedute intorno a Kṛiṣhṇa e aspettavano ansiose di vedere quali piatti avrebbe mangiato.

---

[8] Il più grande festival del Kerala, praticamente il festival nazionale di questo stato, che si svolge nei mesi di Chingam (agosto - settembre).

A un tratto, fingendosi stanco, Kṛiṣhṇa disse: "Mi sembra di avere la febbre. Prenderei volentieri del *kañji*. C'è una pentola accanto a Rādhā. Andate a vedere cosa contiene". Quando gli dissero che c'era del *kañji*, il Signore chiese di portargliela e bevve avidamente il contenuto. Le *gōpī* osservavano allibite la scena. Kṛiṣhṇa guardò Rādhā e le sorrise dolcemente. Gli occhi della *gōpī* si riempirono di lacrime.

Tutte avevano percorso la stessa strada, ma solo Rādhā aveva udito i singhiozzi della bambina. Questa sua compassione toccò il cuore del Signore. Amare Dio è facile per tutti, ma un vero devoto è colui che serve chiunque, riconoscendo Dio in lui. Il Signore è pronto a diventare servo di un tale devoto. Anche se questi Gli offrirà una semplice foglia, Lui la accetterà come se fosse ambrosia.

Śhrī Kṛiṣhṇa Jayanti 9

Figli, in tutto il mondo l'*Aṣhṭami-rōhiṇī* (il compleanno di Śhrī Kṛiṣhṇa) viene festeggiato con molto entusiasmo. La vita del Signore è ricca di insegnamenti che le persone di ogni estrazione sociale possono imparare e assimilare.

Aṣhṭami-rōhiṇī è il giorno in cui Kṛiṣhṇa nacque da Vasudēva e Dēvakī durante il *Dwāpara Yuga*. Detto questo, il Signore, che non conosce né nascita né morte, esiste come coscienza pura e onnipresente. Dio deve nascere nel nostro grembo d'amore.

Il Signore nacque con il sorriso, visse con il sorriso e lasciò il corpo con il sorriso. Il messaggio che ci trasmette il Suo compleanno è che dobbiamo benedire le nostre vite riempiendole di risate. Curvi per i piccoli fardelli della vita, ci dimentichiamo di sorridere e di essere contenti. Provate a raccontare una barzelletta a qualcuno che porta un grande fardello sulle spalle. Il carico non gli permetterà di sorridere. Guardate invece Śhrī Kṛiṣhṇa

9 Compleanno di Śhrī Kṛiṣhṇa.

che, pur assumendo pesanti responsabilità, non dimenticò mai di sorridere. Benché fosse un *Mahātmā* (un essere illuminato) agì in numerosi ambiti, compiendo tutto con grande maestria. Ogni compito aveva per Lui la stessa importanza: nessun dovere era superiore a un altro. Svolgeva ogni incarico in modo impeccabile.

Kṛiṣhṇa conobbe il sapore della sconfitta in guerra e la accettò con un sorriso; non dimenticò di sorridere. La maggioranza delle persone non si assume la responsabilità dei propri fallimenti e preferisce dare la colpa agli altri, anche se si attribuisce il merito di ogni successo. Ma Kṛiṣhṇa non era così: aveva abbastanza coraggio da assumersi la responsabilità di un insuccesso. Nessun altro ha saputo mostrare un tale esempio.

Accettare solo il successo nella vita è un atteggiamento sbagliato. Dobbiamo essere in grado di accogliere anche la sconfitta. La vita non dev'essere valutata in base al numero di vittorie e sconfitte. Quello che conta è il modo in cui accogliamo entrambe. Questo è ciò che la vita del Signore ci insegna.

La maggior parte della gente si monta la testa anche per piccoli successi, dimenticando di essere mortale. Invece il Signore Kṛiṣhṇa, per quanto onnipotente, non si vantò mai della Sua forza. Quando la situazione richiese che si comportasse come una persona comune, agì come tale. Paziente come la Terra, diede una bella lezione a persone enormemente egoiche come Kamsa quando finì per non avere altra scelta.

Sempre impegnato nell'azione, Kṛiṣhṇa indossò con gioia le maschere richieste dalla vita e recitò tutte le parti alla perfezione: interpretò il ruolo di re, suddito, padre, figlio, fratello, compagno di scuola, guerriero, messaggero, Signore delle *gōpī*, auriga, l'amato dei Suoi devoti e molto altro ancora. Non lasciò mai nulla di incompiuto e si tolse la maschera solo dopo aver finito di recitare la parte.

La vita di Kṛiṣhṇa era come una brezza fresca che accarezzava dolcemente tutto e tutti. Visse la sua vita con la stessa facilità con cui si passa da una stanza all'altra e riempì di gioia chiunque incontrasse. Abbandonò il Suo involucro mortale solo dopo aver benedetto persino il cacciatore la cui freccia ferì mortalmente il Suo piede.

Possa rimanere per sempre impresso nei nostri cuori il ricordo di questa incarnazione divina, del Suo atteggiamento così gioioso verso la vita e della sua maestria nell'azione. Possiamo tutti noi acquisire la forza e il coraggio di seguire le Sue sacre orme.

49. La Bhagavad Gītā

Figli, nell'antichità molti *yajña* (sacrifici rituali) venivano celebrati a Kurukṣhētra, il luogo in cui si combatté la guerra descritta nel *Mahābhārata*. In molti passaggi di quest'opera, la stessa guerra di Kurukṣhētra viene descritta come *yajña*. Kurukṣhētra è la terra del *dharma* (legge cosmica) e di *puṇya* (azioni virtuose). Il *dharma*, il dovere di uno *kṣhatriya* (guerriero) è quello di combattere in guerra. Kurukṣhētra è anche chiamato *Dharmakṣhētra* (il campo del *dharma*) perché vi si compiono azioni giuste.

Si pensava che i Kaurava e i Pāṇḍava avrebbero combattuto lealmente, ma si attennero alle convenzioni di guerra solo per tre giorni. In seguito, entrambe le parti commisero molte atrocità. Quando tra due fazioni si assiste ad un disprezzo crescente, tanti cominciano a desiderare di ferire e uccidere il nemico e la guerra è la conseguenza di tali sentimenti. La guerra del *Mahābhārata* si concluse quando molti furono bruciati vivi nella notte, mentre dormivano. La regola secondo cui non si uccide chi è disarmato non fu rispettata. La natura della guerra è tale che, una volta iniziata, ogni senso di giustizia e ogni convenzione morale vengono violati. Figli, la guerra non è mai la risposta ad un problema. Guerra e *dharma* non possono mai coesistere. Molti di coloro che presero parte alla guerra di Kurukṣhētra abbandonarono la via del *dharma* nel corso della battaglia.

Fu attraverso gli occhi di Sañjaya che il re cieco Dhṛitarāṣhṭra assistette alla guerra del *Mahābhārata*. Grazie al potere della chiaroveggenza conferitogli dal saggio Vyāsa, Sañjaya fu in grado di riferire a Dhṛitarāṣhṭra come stesse procedendo il conflitto nel lontano Kurukṣhētra. All'inizio delle ostilità, su richiesta di Arjuna, Kṛiṣhṇa guidò il carro al centro del campo di battaglia, dove le forze nemiche erano schierate l'una di fronte all'altra. Vedendo i guerrieri schierati su entrambi i lati, Arjuna cadde in un penoso stato d'animo. Vedendo solo parenti e maestri da entrambe le parti, si demoralizzò e pensò: "Dovrò combattere per uccidere Bhīṣhma, il mio venerabile nonno, e Drōṇa, il mio venerato insegnante. Se ucciderò tutti, chi dei miei parenti rimarrà in vita? Non desidero né la vittoria né il regno a prezzo delle loro vite". In preda allo sconforto gettò via l'arco e le frecce e si accasciò sul carro.

Śhrī Kṛiṣhṇa ricordò ad Arjuna i doveri di uno *kṣhatriya*. Non si occupò dei sintomi della depressione di Arjuna, ma agì direttamente sulla sua mente. Scorgendo in lui i segni della depressione, Śhrī Kṛiṣhṇa gli impartì l'insegnamento contenuto nella *Gītā* nutrendolo del suo nettare e liberandolo così dalla malattia.

Figli, dovete leggere la *Gītā* non solo con la mente, ma anche con il cuore. La *Gītā* ebbe il potere di spronare Arjuna, che aveva persino considerato il suicidio, a compiere atti valorosi. È la guida ideale per chi sta pensando di uccidersi quando i problemi della vita gli sembrano insopportabili. Molti dei figli occidentali di Amma si accostano alla *Gītā* con riverenza e con una mente indagatrice, trovando nelle sue pagine risposte adeguate ai problemi che affliggono la loro esistenza. Tutti dobbiamo seguire questo esempio.

Śhrī Kṛiṣhṇa non collocò il carro tra i due schieramenti solo per Arjuna. Tra i combattenti c'erano nemici brillanti e straordinari quali Bhīṣhma, Karṇa e Drōṇa. Il Signore fermò il carro proprio di fronte a loro. Uno dei significati della parola "Kṛiṣhṇa" è "colui che attrae". Śhrī Kṛiṣhṇa, il Sé Supremo, è colui che attrae a sé tutti gli esseri dell'universo. Il Signore attirò a sé il carisma e il valore di prodi come Bhīṣhma. Quando Bhīṣhma si trovò di fronte a Lui, unì i palmi delle mani in segno di riverenza. Fu per amore di Arjuna che Śhrī Kṛiṣhṇa minò l'energia e il valore di questi grandi guerrieri e fu sempre per amore di Arjuna che fermò il carro in mezzo al campo di battaglia. Vedendo la sofferenza del suo discepolo, il Signore lo consolò e vanificò la maestria e il valore dei suoi nemici. Figli, ricordate che il Signore agirà per proteggere il devoto sincero che ha preso rifugio in Lui. Pregate il Signore affinché possiate abbandonarvi a Lui.

Il messaggio della Gītā

Figli, la *Bhagavad Gītā* è l'essenza di tutti i *Vēda*, profondi e vasti come l'oceano. Tuttavia l'acqua dell'oceano non si può bere, né usare per scopi domestici. Però, quando evapora con il calore del sole, l'acqua del mare si condensa e forma le nuvole, cade sotto forma di pioggia e scorre come un fiume; a questo punto può placare la sete di tutti ed essere utilizzata in tanti altri modi. Analogamente, la *Bhagavad Gītā* è il Gange spirituale che dall'oceano dei *Vēda* fluisce a noi per grazia divina.

Il messaggio della *Gītā* è rivolto a tutto il genere umano e unisce le vie della devozione, della conoscenza e dell'azione, e altri princìpi spirituali. Il Signore Kṛiṣhṇa venne per mostrare come realizzare il Supremo a persone di diversa natura. Se un ristorante serve un'unica pietanza, solo chi ama quella pietanza andrà in quel ristorante; una varietà di piatti con diversi sapori attirerà invece tutti. I vestiti di una sola taglia non andranno bene a tutti, mentre quelli di varie taglie potranno essere indossati da gente di tutte le corporature. Allo stesso modo, la *Gītā* mostra alle persone più disparate la via verso l'illuminazione spirituale. Le parole del Signore guidano dolcemente ed elevano ognuno di noi a un livello superiore.

Alcuni accusano la *Gītā* di fomentare la guerra. La verità, però, è che la *Gītā* mostra tanto all'individuo quanto alla società la via verso la pace. L'insegnamento che ci arriva da Dio attraverso la *Gītā* è che, se non c'è altra alternativa, anche la guerra può diventare *sādhana* (pratica spirituale). L'arroganza di Dakṣha[10] aveva trasformato il suo *yajña* (sacrificio del fuoco) in *yuddha* (guerra). Seguendo la via mostrata dal Signore, Arjuna era invece riuscito a trasformare lo *yuddha* in *yajña* abbandonandosi a Dio. La *Gītā* ci svela il segreto di trasformare il *karma* (azione) in *karma-yōga*, rendendo ogni azione un mezzo per realizzare Dio: questo è uno dei messaggi più importanti che ci trasmette.

Lo spirito del settarismo o dell'intolleranza è totalmente assente nella *Gītā*, che non ci chiede di adorare un Dio seduto su un trono d'oro nel cielo, né di sforzarci per ottenere un posto in paradiso dopo la morte. La *Gītā* ci mostra come esperire la pace suprema qui e ora e ci esorta a realizzare la verità suprema che dimora in noi ed è la nostra vera natura.

Seppur breve, il messaggio della *Gītā* è profondo e vasto come l'oceano. La *Gītā* è l'emblema del Sanātana Dharma[11], il nettare che il Signore aveva elargito dopo aver zangolato l'oceano di latte dei *Vēda*. La *Bhagavad Gītā*, espressione dell'eterna presenza di Dio, continuerà a benedire questo mondo per l'eternità.

---

[10] Figlio generato dalla mente di Brahma, il Creatore, e suocero del dio Śhiva. Provando disprezzo per Śhiva, Dakṣha non invitò al rituale che stava conducendo né sua figlia né Lui. Tutto questo portò infine a una guerra.

[11] Letteralmente, "Legge Eterna", il nome originale dell'induismo.

50. La non violenza

Figli, la non-violenza è la manifestazione più alta del *dharma* (dovere). Che si segua la via spirituale o si conduca una vita mondana, bisogna cercare di non ferire nessun essere vivente. Le vibrazioni di dolore che emana anche la più piccola creatura quando è ferita creano nell'atmosfera onde che si riversano su chi ha provocato tale dolore. Pertanto, non fate del male a nessuno né con i pensieri, né con le parole, né con le azioni.

Detto questo, cerchiamo di comprendere cosa siano esattamente la violenza e la non-violenza. La violenza consiste nel ferire gli altri agendo in modo insensato o egoistico. Le azioni compiute volendo aiutare gli altri non possono invece essere considerate violenza.

Ciò che determina se un'azione è violenta o meno è la motivazione. Amma porterà un esempio. Una donna aveva assegnato molte faccende da sbrigare alla sua giovane domestica. Nonostante si fosse impegnata molto, la ragazzina non era riuscita a terminare il lavoro. La padrona la rimproverò, facendola piangere. La stessa donna aveva sculacciato la figlia per essere andata a giocare trascurando i compiti e adesso la ragazza sedeva in un angolo della stanza in lacrime.

Entrambe le giovani piangevano. Lo scapaccione materno, però, non può essere considerata violenza perché era stata dato con una buona intenzione, pensando al futuro della figlia; era un'espressione dell'amore materno. Diversamente, anche se la donna non aveva colpito la domestica, era stata dura e spietata con lei. Una madre tratterebbe così sua figlia? Qui bisogna considerare l'intenzione dietro l'atteggiamento verso le due giovani.

Se decidiamo di piantare un albero da frutto, forse dovremo sradicare molte piantine intorno. Ma quando l'alberello sarà diventato un albero, quanti benefici porterà alla comunità! E non solo, molte altre piantine potranno crescere alla sua ombra. Se guardiamo le cose da questo punto di vista, sradicare le piantine non è un danno e non può essere considerato violenza.

Anche ferire qualcuno con il nobile scopo di proteggere il benessere della società non può essere considerato un atto violento. Ecco perché la guerra del *Mahābhārata* è ritenuta una guerra giusta. Alcuni si chiedono se il Signore non abbia favorito la violenza esortando Arjuna a combattere. Il Signore non avrebbe mai voluto la guerra. La Sua via era quella della pazienza. Continuò a perdonare e implorò Duryōdhana di concedere ai Pāṇḍava almeno una capanna, ma Duryōdhana fu inflessibile e dichiarò che non avrebbe dato ai Pāṇḍava nemmeno la terra che avrebbe occupato un capello. Se la pazienza di un uomo forte incoraggia una persona ad essere crudele o a fare del male ad altri, allora questa pazienza è la peggiore violenza. Ciò nonostante non bisogna nutrire rancore o gelosia verso nessuno. Dobbiamo condannare il comportamento scorretto, ma non provare rancore verso il colpevole.

Ci si potrebbe chiedere se sia possibile raggiungere una totale non violenza nelle nostre azioni. Anche se magari non raggiungeremo tale livello, la non violenza dev'essere il nostro obiettivo primario, oltre all'impegno costante di amare e servire gli altri.

51. Una condotta retta e la spiritualità

Figli, alcuni dicono: "Viviamo eticamente, non tradiamo, non facciamo male a nessuno e neppure rubiamo. Siamo contenti, soddisfatti di ciò che abbiamo e non vediamo la necessità della spiritualità, né della fede in Dio".

È vero, vivere eticamente è importante e porta beneficio sia all'individuo che alla società. Potrebbe però non essere sufficiente ad affrontare le sfide della vita. Se le nostre azioni non sono radicate nella saggezza e nel discernimento, anche piccoli contrattempi e dolori possono incrinare il nostro equilibrio mentale. E allora, come riusciremo ad affrontare ostacoli maggiori nella vita?

Molti di noi fanno del bene aspettandosi qualcosa in cambio e di conseguenza finiscono per rimanere delusi. Coloro che amiamo sinceramente potrebbero, ad esempio, non ricambiare il nostro amore. Alcuni restano delusi quando le loro aspettative sull'amore non vengono soddisfatte e così ricorrono agli stupefacenti; infine entrano nel giro della droga. In altri casi, qualcuno che abbiamo aiutato molto potrebbe tradirci. Potremmo quindi rimanere amareggiati o arrabbiati e nutrire sentimenti di vendetta. La causa è sempre l'aspettativa. In tali situazioni, la conoscenza spirituale può aiutarci a mantenere il nostro equilibrio mentale.

La spiritualità è la chiave che ci permette di gestire la vita, ci insegna come vivere in questo mondo e come superare le difficoltà. Se comprendiamo il mondo e la natura del mondo potremo affrontare e superare ogni sfida con coraggio.

Supponiamo di andare da un vecchio amico a chiedergli in prestito dei soldi. L'amico potrebbe prestarceli oppure no. Potrebbe persino rispondere: "Anch'io stavo pensando di chiedere in prestito dei soldi". Se consideriamo l'eventualità di ognuno di questi scenari, non rimarremo delusi nemmeno se non riceveremo ciò che abbiamo chiesto.

Una nave nell'oceano è circondata dall'acqua. Finché l'acqua non penetra all'interno non è in pericolo, ma se si forma anche solo un piccolo foro, l'acqua entrerà e farà affondare la nave. Allo stesso modo, se permettiamo agli eventi positivi o negativi del mondo esterno di influenzarci, diventeremo inquieti e sprofonderemo nella tristezza e nello sconforto. Per contro, se offriamo la nostra mente a Dio, manterremo sempre la calma.

Immaginiamo, ad esempio, che un caro amico muoia in un incidente, o sia gravemente malato. Come trovare la pace interiore in una situazione simile? Solo la conoscenza dei princìpi spirituali e una vita vissuta seguendoli ci aiuteranno a mantenere il nostro equilibrio mentale.

Nel terremoto del 2001 in Gujarat, decine di migliaia di persone persero tutto. Molte di loro erano già povere. Diversa gente andò ad incontrare Amma. Quando Amma chiese a queste persone se fossero sconvolte, risposero: "Dio si è ripreso ciò che ci aveva dato". Sebbene avessero perso tutto, erano riuscite ad andare oltre queste perdite. E questo grazie al loro modo di pensare spirituale.

Tutte le cose del mondo sono effimere: possiamo perderle da un momento all'altro. Con questa consapevolezza prendiamo dunque rifugio in ciò che è imperituro: Dio. Se ancoriamo la nostra vita alla fede, sopravvivremo alla tempesta più violenta.

52. L'essenza delle religioni

Figli, le religioni insegnano che Dio dimora nel cuore, che l'uomo e Dio sono essenzialmente della stessa natura, e che Dio ha creato l'uomo a Sua immagine. Molti potrebbero chiedersi perché siamo incapaci di sentire la beatitudine della Sua presenza. È vero che la nostra vera natura è divina, ma il Signore rimane celato a noi a causa della nostra ignoranza e del nostro ego. Di conseguenza, sperimentiamo il dolore e la sofferenza.

In realtà, tutte le religioni indicano la via per raggiungere la nostra vera natura: la beatitudine. Non riuscendo a comprendere la vera essenza delle religioni, rimaniamo intrappolati nei rituali e nelle tradizioni. Supponiamo di avere del miele in barattoli diversi. Perché concentrarci sul colore e sulla forma dei barattoli invece di gustare la dolcezza del miele? Ma questa è proprio la nostra condizione attuale: invece di fare nostri i princìpi delle religioni, ci facciamo irretire dai loro aspetti superficiali.

Amma ricorda una storia. Un uomo decise di festeggiare il suo cinquantesimo compleanno in grande stile. Fece stampare gli inviti su carta pregiata, ristrutturò la casa, la ripitturò, la decorò e comprò un lampadario che appese al centro della sala. Acquistò poi vestiti costosi, un anello di diamanti e una catena d'oro da indossare per il giorno del compleanno. Assunse anche lo chef più famoso della città per preparare un sontuoso banchetto.

Arrivò finalmente il giorno del compleanno. Con indosso i suoi vestiti lussuosi, l'anello di diamanti e la catena d'oro, andò a ricevere gli ospiti nella sala. Il banchetto era stato allestito, i camerieri in livrea erano pronti a servire, ma quando all'imbrunire non era ancora arrivato nessun ospite, l'uomo cominciò a preoccuparsi. Improvvisamente, notò sul tavolo una pila di inviti. Preso dalla foga di ristrutturare la casa e abbellire l'ambiente, si era completamente dimenticato di spedire gli inviti!

Allo stesso modo, molti di noi si fanno travolgere dalla vana frenesia della vita quotidiana, dimenticando lo scopo principale della vita. In tal modo non riusciamo a fare l'esperienza della pace e della felicità vere.

Chi è preso dallo sfarzo e dalla magnificenza esteriore della religione troverà difficile assimilarne l'essenza e avvertire la presenza di Dio. Quando falcia, il giardiniere che taglia l'erba non vede che erba; l'uomo che raccoglie piante medicinali, invece, noterà le preziose piante medicinali che crescono in mezzo all'erba. Allo stesso modo, dobbiamo imparare ad assimilare i princìpi fondamentali della religione senza dare troppa importanza alle questioni non essenziali.

Figli, sforziamoci di comprendere l'essenza, il cuore della religione e i princìpi spirituali che stanno dietro i rituali e le festività, e cerchiamo di metterli in pratica nella vita. Solo allora potremo avvertire la presenza di Dio dentro di noi.

53. L'atteggiamento

Figli, molte persone nella società sono disperate perché hanno problemi sul lavoro o altre difficoltà. La vera causa di questo stato d'animo è l'atteggiamento e la visione errata che hanno della vita. Se qualcuno li saprà guidare e ispirare, le loro vite cambieranno sicuramente in meglio. Questa trasformazione positiva farà sì che, anche chi oggi è un peso persino per sé stesso, diventi una risorsa per la società.

Un ragazzo desiderava fortemente diventare medico, ma non superò per un solo punto l'esame di ammissione alla facoltà di medicina. Profondamente deluso, non si sentì di iscriversi ad altri corsi. Dopo un po' cedette alle pressioni della famiglia, fece domanda per un impiego in banca e fu assunto. Anche dopo aver iniziato a lavorare in banca, la frustrazione per non essere riuscito a diventare medico continuò a tormentarlo, impedendogli di parlare cortesemente con i clienti e di sorridere loro. Comprendendo il suo stato mentale, un amico lo portò dal proprio Guru. L'uomo gli aprì il suo cuore e gli raccontò cosa lo angustiava: "Non riesco a controllare la mente e mi arrabbio anche per delle inezie. Non riesco a comportarmi in modo professionale con i clienti della banca. Non penso di poter mantenere a lungo questo lavoro se continuo a comportarmi così. Cosa devo fare?".

Il Maestro consolò il giovane e gli disse: "Immagina che il tuo migliore amico ti mandi qualcuno. Come lo accoglieresti?".

"Mi prenderei volentieri cura di tutte le sue necessità".

"Bene. Allora considera ogni cliente che viene da te come se ti fosse stato inviato personalmente da Dio. In tal modo sarai premuroso con lui".

Da quel giorno in poi avvenne una grande trasformazione nel giovane e questo cambiamento influì sui suoi pensieri e sulle sue azioni.

Quando fu capace di vedere ogni persona come inviatagli da Dio, ogni sua azione divenne un atto di adorazione. La depressione lo abbandonò e si sentì appagato e pieno di gioia. In tal modo poté trasmettere la sua felicità agli altri.

La devozione aiuta tantissimo ad assumere il giusto atteggiamento verso la vita. Per quanto riguarda un credente, il centro della sua vita è Dio: vede Dio in ogni persona e in ogni cosa, e tutte le sue azioni sono un'offerta a Lui. Se riusciremo a compiere ogni cosa come fosse un atto di adorazione, non saremo solo noi a goderne il beneficio, ma tutta la società ne trarrà vantaggio.

54. L'eterno e l'effimero

Figli, nulla di quanto vediamo in questo mondo è eterno. Le proprietà, la ricchezza, i familiari e gli amici che consideriamo nostri non resteranno con noi per sempre. Questo non significa che non dobbiamo amare nessuno. Dobbiamo amare tutti, ma il nostro amore dev'essere disinteressato. Solo allora saremo liberi dal dolore.

Un uomo aveva quattro mogli. Delle quattro, quella che amava maggiormente era la quarta. Faceva di tutto per fornirle ogni comfort, assicurarle uno stile di vita sano e salvaguardare la sua bellezza con le cure necessarie. Voleva molto bene anche alla terza moglie ed era orgoglioso della sua straordinaria capacità di portare a termine ogni compito. Per quanto riguardava la seconda moglie, sebbene non la amasse tantissimo, riusciva ad aprire il suo cuore e rivelare ogni cosa solo a lei. Trascurava completamente la prima moglie al punto da non guardarla nemmeno.

Un giorno gli fu diagnosticata una malattia terminale. Il medico disse: "La scienza medica non è in grado di salvarla. Le restano solo pochi giorni di vita".

All'udire queste parole, l'uomo fu preso dal panico. Quando ritornò a casa, chiese alla quarta moglie: "Ti ho amata sopra ogni cosa. Il medico dice che morirò entro pochi giorni. Verrai con me nell'aldilà?".

"No".

La risposta lo ferì profondamente. Fece allora chiamare la terza moglie: "Sarai con me dopo che sarò morto?" le chiese.

"No, impossibile. Voglio continuare a vivere in questo mondo. Dopo la tua morte sposerò qualcun altro".

Amareggiato, chiamò la seconda moglie e le disse: "Ho aperto il mio cuore solo a te, nella gioia e nel dolore. Mi seguirai quando morirò?".

"Ti accompagnerò fino al crematorio, ma non oltre".

Queste parole acutizzarono il dolore dell'uomo. Mentre sedeva sconvolto, arrivò la prima moglie. "Non preoccuparti", gli disse, "sarò sempre con te. Non dubitarne mai".

A queste parole, l'uomo si sentì in colpa per averla sempre trascurata.

In questa storia, la quarta moglie rappresenta il nostro corpo, che starà con noi solo fino alla morte. La terza moglie rappresenta la nostra posizione, il potere e la ricchezza. Quando moriamo, qualcun altro li rivendicherà. La seconda moglie simboleggia gli amici, che resteranno al nostro fianco solo finché il nostro corpo viene portato al crematorio. La prima moglie, infine, è il nostro Sé, che resta con noi nella vita e nella morte. Tuttavia, noi non pensiamo mai al Sé sebbene meriti la nostra massima attenzione.

Tutto questo non significa che le proprietà e la ricchezza siano inutili, ma che per vivere abbiamo bisogno solo del necessario. Quando viviamo avendo compreso che il Sé è la fonte della pace eterna, possiamo superare il dolore.

55. Prārabdha

Figli, molte persone dicono: "Non ho fatto volontariamente nulla di male nella vita. Quindi, perché soffro così tanto?".

L'unica risposta che si può dare è che soffrono a causa delle azioni negative compiute nelle vite precedenti.

Le conseguenze delle azioni compiute nelle vite precedenti, che abbiamo iniziato a sperimentare, sono chiamate *prārabdha*. Alcuni tipi di *prārabdha* producono esperienze dolorose, altri esperienze piacevoli.

Ci sono tre tipi di *prārabdha*. È possibile attenuare completamente il primo. Potremmo paragonarlo a un male guaribile prendendo delle medicine. Il secondo tipo è più grave ed è simile a un male curabile solo chirurgicamente. Si può ridurne l'intensità con atti caritatevoli, buone azioni e adorando Dio. Il terzo tipo è ancora più grave e va vissuto: non ci sono altre possibilità. È come una malattia che si ripresenta anche dopo un intervento chirurgico.

Non dobbiamo mai perdere la fede ottimistica. Alcune azioni danno risultati immediati, mentre altre solo successivamente. Lo sforzo sincero genera, prima o poi, buoni risultati. Non dobbiamo demoralizzarci pensando che abbiamo peccato nella vita passata. Il passato è come un assegno annullato: non può essere restituito né cambiato. Ciò che è stato fatto in passato resta. E anche il domani non può diventare l'oggi. Tutto ciò che abbiamo è il momento presente. Dobbiamo usarlo bene. Come aggiungiamo dell'acqua dolce all'acqua salata per ridurne la salinità, così, compiere buone azioni pensando al Supremo e offrire questi nostri atti a Lui diminuisce l'intensità delle esperienze dolorose e ci aiuta a procedere nella vita.

Dei ladri si avvicinarono a un viandante che stava attraversando una fitta foresta. Dopo avergli rubato il denaro, gli legarono le mani e i piedi e lo gettarono in un pozzo abbandonato e secco. Impotente, l'uomo si mise a gridare: "Aiuto! Aiuto!". Udendo le sue grida, un altro viandante andò vicino al pozzo, gli gettò una fune e l'aiutò a uscire.

L'uomo era stato legato da una fune e salvato da una fune. Le azioni sono come una fune: quelle negative ci legano, mentre quelle disinteressate, dedicate a Dio, ci portano alla liberazione spirituale.

Nella vita potremmo non avere sempre esperienze positive e dover andare incontro a delle situazioni spiacevoli. Dobbiamo imparare a utilizzare tali occasioni come pietre miliari per crescere interiormente e avere successo. Per riuscirci, il nostro discernimento dev'essere profondamente radicato nella comprensione spirituale.

56. La medicina dell'amore

Figli, l'amore è il rimedio sovrano per le impurità mentali come la rabbia e la gelosia. Se amiamo veramente qualcuno, non proveremo alcuna gelosia, rivalità od odio nei suoi confronti. E non percepiremo nemmeno i suoi difetti come tali. Se la persona che amiamo non è bella, proietteremo la bellezza su di lei. Per contro, se la persona che detestiamo è bella, la vedremo brutta. Tutto dipende quindi dalla mente.

Una padrona di casa e la sua cameriera stavano cucinando assieme. Guardando fuori dalla finestra della cucina, la donna disse alla cameriera: "C'è un ciccione fuori dalla porta. Va' a vedere chi è".

La cameriera andò a vedere. Quando tornò, disse: "Signora, sa chi c'è fuori dalla porta? Suo figlio maggiore che se ne è andato di casa dieci anni fa!".

A queste parole, la donna corse fuori e abbracciò il giovane dicendo: "Tesoro, quando sei tornato? Perché sei dimagrito così tanto? Non stai mangiando bene?".

La stessa persona che la donna considerava grassa quando la riteneva un estraneo, la colpì per la magrezza quando lo riconobbe come il proprio figlio. Quando l'amore si risveglia, la bruttezza si trasforma in bellezza. Attraverso l'amore possiamo elevarci e andare oltre le emozioni come la gelosia e il rancore.

Nutrire rabbia nei confronti di qualcuno è paragonabile a un suicidio, perché il rancore e la gelosia uccidono le cellule del nostro corpo. Allo stesso tempo, quando amiamo gli altri, la mente si espande e viene purificata. Le buone qualità e la felicità illuminano spontaneamente un cuore puro.

Per noi è naturale provare compassione quando vediamo qualcuno su una sedia a rotelle. Chi non sa controllare la mente è in qualche modo disabile. L'unica differenza è che la sua disabilità non è visibile all'esterno. Proprio come ci dispiace per un disabile, dovremmo provare lo stesso sentimento per chi nutre sentimenti di ostilità e gelosia. Forse, il nostro amore e la nostra solidarietà potranno cambiarlo.

L'amore e la vita non sono separati, ma un tutt'uno. L'amore e la vita sono come una parola e il suo significato: inscindibili. Una vita priva della dolcezza dell'amore è come un deserto arido e pieno di crepe. Risvegliamo quindi l'amore nella nostra vita. In tal modo contribuiremo a mantenere la pace e la prosperità non solo nella nostra vita, ma anche nella società.

57. Essere focalizzati sull'obiettivo

Figli, è raro trovare qualcuno che non desideri avere successo nella vita. Tuttavia, sono pochissime le persone che riescono ad ottenerlo. Gli altri accettano la sconfitta, sprofondano nella disperazione e vivono nello sconforto. La causa principale è una mancanza di chiarezza rispetto ai propri obiettivi e una preparazione fisica e mentale insufficiente per raggiungerli.

Molte persone che falliscono si giustificano dicendo: "Gli altri erano in un contesto favorevole al loro successo e avevano gente che li ha incoraggiati. Io non ho avuto tutto questo". Queste scuse rivelano una mancanza di *lakṣhya-bōdha*, di focalizzazione sull'obiettivo, e una scarsa forza di volontà. Non serve a nulla cercare di nascondere le nostre debolezze e la nostra indolenza. Per riuscire in qualsiasi ambito e superare gli ostacoli sono necessarie la forza di volontà e la capacità di resistenza.

Gli studenti che vogliono diventare ingegneri o medici o essere i primi della classe studiano con *lakṣhya-bōdha*. Le loro vite diventano naturalmente disciplinate. Non sprecano tempo in giro con gli amici, studiano persino quando sono sull'autobus, non si lamentano perché in casa non hanno la luce e studiano alla luce dei lampioni. Le circostanze non scoraggiano chi possiede *lakṣhya-bōdha*, mentre agli altri pare insormontabile anche il minimo ostacolo.

Una madre andò con il suo bambino a un festival. Vicino a uno spettacolo di musica e danza c'erano molti banchetti che vendevano cibo, giocattoli e altre cose. Il bambino vi passò davanti tenendo la mano della mamma e guardando tutto avidamente. Per qualche minuto la madre si dimenticò del piccolo. Poco dopo si accorse che non era più con lei, si guardò intorno ansiosamente e cominciò a cercarlo ovunque disperata. Il suo unico pensiero era: "Dov'è mio figlio?". Incurante della musica e della danza intorno, non vedeva nemmeno la folla o la confusione che regnava. Allo stesso modo, chi ha *lakṣhya-bōdha* non darà ascolto a pensieri autodistruttivi né si arrenderà davanti a un ostacolo.

La prima cosa da acquisire è una comprensione chiara di quello che vogliamo raggiungere nella vita e poi dobbiamo impegnarci per ottenerlo. Con queste premesse, tutto il resto seguirà naturalmente.

I petali del fiore cadono spontaneamente quando la pianta sta per fruttificare. Allo stesso modo, quando desideriamo intensamente giungere alla meta, le cattive abitudini e le debolezze scompaiono da sole e le qualità necessarie per raggiungere la meta si manifestano gradualmente.

Pertanto, avere *lakṣhya-bōdha* è di fondamentale importanza.

58. Devozione e contentezza

Figli, la devozione consiste nel ricordo costante e assiduo di Dio. Prendete per esempio le *gōpī* (pastorelle) di Vṛindāvan: per loro era difficile non pensare a Kṛiṣhṇa anche solo per un attimo. In cucina chiamavano le erbe aromatiche come il chili e il coriandolo con i nomi del Signore e scrivevamo tali nomi sui loro sacchetti. Se avevano bisogno del chili, dicevano che volevano Mukunda. Quando prendevano il coriandolo, avevano la sensazione di tenere in mano Gōvinda. Pertanto, le loro menti erano occupate dal ricordo di Dio qualsiasi cosa stessero facendo. Alla fine, percepirono la presenza onnipervadente del Signore Kṛiṣhṇa.

Quando l'amore per Dio riempie il cuore, le tendenze latenti e i desideri che lo occupavano interamente perdono forza e le impurità della mente si dissolvono. In questo stato di devozione, il devoto desidera solo Dio. Tutto il resto perde d'importanza. Il devoto accetta la gioia e il dolore come *prasād* (offerta consacrata) divino ed è contento anche nella povertà.

Un re stava cacciando nella foresta. Mentre inseguiva gli animali si perse e si trovò separato dal suo seguito. A un tratto scoppiò un violento temporale che lo bagnò fino alle ossa. Dopo aver vagato a lungo, esausto, sul far della sera vide un vecchio tempio di Kṛiṣhṇa con accanto una capanna. Il re entrò nella capanna, abitata da un vecchio sacerdote e da sua moglie. Vedendo questo sconosciuto bagnato fradicio, la coppia gli porse un asciugamano pulito. Dopo che si fu asciugato, gli venne offerto del cibo. Il re trascorse la notte nella capanna.

All'alba, il seguito regale che lo stava cercando da tutta la notte arrivò alla capanna. Prima di ripartire, mentre salutava la coppia, il re ordinò di dare cento monete d'oro al sacerdote. L'anziano rifiutò cortesemente e disse: "Non abbiamo bisogno di nulla. Il Signore si prende cura di noi. Ci dà tutto ciò di cui abbiamo bisogno".

Sorpreso, il sovrano rispose: "Entrambi siete vecchi. Cosa vi accadrà se vi ammalate? Lasciate che faccia costruire una casa nuova per voi. Manderò qualcuno ad aiutarvi".

Gli anziani coniugi obiettarono nuovamente dicendo: "Non pensiamo mai alla malattia. Il Signore, che è Dhanvantari (il dio della medicina), è sempre con noi e ci protegge". Sebbene fossero poveri, i volti dei due vecchi erano illuminati dalla fede e dalla contentezza.

La semplicità e l'abnegazione diventano naturali in un vero devoto. Costui non pensa alla propria sicurezza o ai suoi interessi personali e accoglie tutto ciò che la vita gli offre: gioia, dolore, difficoltà e vantaggi, come *prasād* di Dio. Non prova risentimento, non si lamenta né si oppone e ha una fede e un amore incrollabili.

59. Una mente aperta

Figli, dobbiamo assumere sempre l'atteggiamento di un principiante, ovvero avere una mente aperta, essere umili e desiderare ardentemente d'imparare, disposti a riconoscere e ad accettare il buono in ogni cosa. Affrontare ciò che la vita ci offre con una mente aperta risveglia la pazienza, la vigilanza e l'entusiasmo. Possiamo trarre lezioni da ogni situazione e rispondere in modo adeguato. Una mente chiusa ci rende orgogliosi e ostinati, ci induce a fare cose sbagliate e non ci permette di praticare la bontà. Un simile atteggiamento porta infine all'autodistruzione.

Durante la guerra del *Mahābhārata*, un giorno Arjuna e Karṇa si trovarono uno di fronte all'altro. Il Signore Kṛiṣhṇa era l'auriga di Arjuna e Śhalya l'auriga di Karṇa. Ciascun guerriero lanciò un nugolo di frecce all'altro. Alla fine, Karṇa decise di lanciare una freccia puntando alla testa di Arjuna con l'intenzione di ucciderlo. Śhalya lo consigliò dicendo: "Karṇa, se hai intenzione di uccidere Arjuna, non mirare alla testa ma al collo".

Karṇa replicò con arroganza: "Quando ho incoccato una freccia e puntato un bersaglio, non lo cambio mai. La testa di Arjuna sarà il bersaglio della mia freccia". Detto questo, scoccò la freccia. Vedendola sibilare verso la testa di Arjuna, il Signore premette il carro con il piede, facendone affondare le ruote nel terreno. Invece di colpire la testa, la freccia sbalzò via la corona di Arjuna, che in tal modo si salvò e dopo poco uccise Karṇa. Se Karṇa avesse seguito il consiglio di Śhalya, la freccia avrebbe colpito la testa di Arjuna. Ahimè! L'ego di Karṇa non gli permise di ascoltare con mente aperta il consiglio di Śhalya e spianò la strada alla sua morte.

Se ci ostiniamo ad avere un atteggiamento saccente e inflessibile, non impareremo mai nulla. Si può versare qualcosa in un secchio già pieno d'acqua? Potremo riempirlo solo quando lo caliamo vuoto nel pozzo. Persino un premio Nobel per la scienza deve obbedire a un insegnante di flauto se vuole imparare a suonare questo strumento.

L'atteggiamento del principiante è la via d'accesso al mondo della conoscenza e all'ampliamento dei propri orizzonti. "Io non so nulla. Ti prego insegnami": il principiante comunicherà questo messaggio con il suo atteggiamento e sarà umile e ricettivo. Tale comportamento attrae la grazia divina, aiuta ad acquisire la conoscenza di ogni cosa e favorisce il successo nella vita.

60. Visitare i templi

Figli, alcune persone si lamentano dicendo: "Anche se abbiamo visitato molti templi e intrapreso molti pellegrinaggi, i nostri desideri non sono stati ancora esauditi". Recarsi nei templi e andare in pellegrinaggio è una buona cosa, ma non bisognerebbe farlo con lo scopo di chiedere qualche grazia. Il nostro obiettivo dovrebbe essere quello di purificare la mente e risvegliare la devozione per Dio. Se non acquisiamo la purezza mentale, tutte le nostre attività spirituali saranno vane.

Durante la costruzione di un edificio, il cemento si fissa solo se si è rimosso tutto lo sporco dalle barre di acciaio utilizzate. Allo stesso modo, Dio trova dimora solo in un cuore puro. Mentre visitiamo i templi o altri luoghi sacri, dobbiamo pensare a Lui e coltivare un atteggiamento di abbandono. Dobbiamo trascorrere il tempo recitando i nomi del Signore, cantando *bhajan*, meditando o compiendo pratiche spirituali. Anche se il nostro scopo è chiedere che venga realizzato un nostro desiderio, la nostra mente dev'essere focalizzata su Dio. Ma, attualmente, la maggior parte delle persone, anche quando si reca in un tempio, ha il pensiero rivolto alla propria casa, all'ufficio e a centinaia di altre questioni. Dopo aver raccontato tutto al Signore, queste persone Gli chiedono di esaudire i loro desideri. Non riescono a dimenticare ogni cosa e pensare solo al Signore nemmeno per un istante. Dopo aver dato sfogo ai propri dolori, la loro mente ritorna alla casa o ad argomenti d'interesse sociale. Alcuni si chiedono se le scarpe che hanno lasciato fuori dal tempio sono ancora lì. Oppure la mente rincorre l'autobus che li porterà a casa. Prima di andarsene, donano un po' di soldi, l'offerta rituale (*vazhipāḍu*) e poi, senza stare qualche minuto in raccoglimento, salutano ed escono.

Ecco come dovrebbe essere invece: mentre siamo nel tempio, dovremmo cercare di trascorrere tutto il tempo pensando solo a Dio. Per permettergli di curarci o di aiutarci adeguatamente dobbiamo confidare ogni dettaglio della nostra situazione a un medico o a un avvocato. Ma a Dio non è necessario dire nulla. Lui conosce il nostro cuore. Pertanto, meditiamo sul Signore e purifichiamo la mente, sforzandoci d'impiegare il nostro tempo nel tempio recitando il nome del Signore. Solo allora trarremo beneficio da questa visita.

Non faremo alcun progresso spirituale o materiale recandoci in un tempio o girando intorno al sancta sanctorum. Poco importa in quanti templi ci rechiamo o quante offerte facciamo: le nostre visite ci aiuteranno solo se rivolgiamo la mente a Dio.

Quando piove, l'acqua rende il terreno scivoloso e diventa difficile camminare. L'acqua in eccesso scorre via. Per contro, l'ostrica può ricevere solo una goccia d'acqua piovana; ciò nonostante, trasforma quella singola goccia d'acqua, che ha atteso per lungo tempo, in una perla preziosa.

Allo stesso modo, sebbene la grazia di Dio fluisca sempre, il beneficio che possiamo trarne dipende da quanto sappiamo accoglierla.

61. Le abitudini

Figli, le abitudini hanno un ruolo importante nella vita. Le buone abitudini la dirigono verso la direzione giusta e ci portano al successo, mentre quelle cattive insozzano la mente e distruggono la nostra vita.

Chi desidera godere di una completa libertà deve cercare di non diventare schiavo delle abitudini. Ci riuscirà solo se sarà totalmente consapevole di ogni suo pensiero e di ogni sua azione. Compiendole ripetutamente, le cattive azioni diventano abitudini, che a loro volta formano il carattere. Il carattere determina le nostre emozioni e comportamenti. In tal modo ci controlla e ci fa perdere la libertà.

Un uomo che ha l'abitudine di bere il caffè appena si sveglia diventa irrequieto e irritabile se non lo beve. Non poter avere cose insignificanti come il caffè, le sigarette e il giornale in tempo possono agitare la mente e toglierci la gioia e la contentezza. Noi tutti siamo diventati schiavi di molte abitudini di questo tipo.

Dopo trent'anni di servizio, un uomo lasciò l'esercito e tornò nel suo villaggio. Un giorno andò al mercato per comprare del latte e poi s'incamminò verso casa tenendo la bottiglia sulla testa con entrambe le mani. Vedendolo passare, un giovane urlò: "Attenti!". Al sentire questa parola che aveva fatto parte della sua vita per trent'anni, l'ex soldato abbassò d'istinto le braccia e si mise sull'attenti. La bottiglia cadde e si ruppe e il latte si sparse dappertutto, mentre quel giovane si sbellicava dalle risa.

Questa storia mostra come persino le azioni meno importanti possono danneggiarci se compiute meccanicamente. Immaginate quanto possano essere distruttive le brutte abitudini!

Una volta assuefatti alle cattive abitudini, è difficile uscire dalla dipendenza. Per riuscirci, dobbiamo compiere uno sforzo cosciente e costante. Coltivando consapevolmente le abitudini positive non cadremo nella trappola delle abitudini negative e riempiremo il nostro animo di nobili qualità.

Facciamo tuttavia attenzione a non diventare schiavi anche delle buone abitudini: non facciamoci strumentalizzare da loro, bensì utilizziamole come strumenti. Supponiamo che un uomo abituato a meditare ogni giorno alle otto del mattino debba portare all'ospedale il fratello che ha avuto un incidente. L'avere mancato la seduta quotidiana di meditazione non dovrebbe turbare la sua mente.

Qualcuno che sta imparando a nuotare utilizzerà prima un giubbotto salvagente per restare a galla e poi, quando avrà imparato a nuotare, potrà farne a meno. Allo stesso modo, dobbiamo essere in grado di superare gradualmente tutte le abitudini per godere di una completa libertà.

62. Ama il prossimo tuo

Figli, la devozione per Dio non si esprime solo con i rituali o l'adorazione, ma deve manifestarsi come amore, compassione e pazienza per i nostri simili. Come disse Gesù: "Ama il prossimo tuo come te stesso". Questo consiglio ha una notevole importanza spirituale e pratica. Ognuno di noi ama soprattutto se stesso, ma se riusciamo a vedere gli altri come noi stessi, il nostro amore fluirà senza trovare ostacoli.

Noi crediamo di essere individui distinti gli uni dagli altri, ma sostanzialmente siamo davvero una cosa sola. Quando l'amore si risveglia, la sensazione di essere separati si dissolve, almeno temporaneamente, e noi facciamo esperienza dell'unità.

I nostri vicini sono le persone con le quali ci relazioniamo in ogni istante della vita. In tal senso, i membri della famiglia, gli amici, i colleghi e i compagni di viaggio sono tutti il nostro prossimo. Se riusciamo a rimanere in buoni rapporti con loro, saremo noi a trarne beneficio. Per molti di noi non è facile amare il prossimo. Per gli esseri umani è facile trovare difetti negli altri.

Una coppia di sposini andò a vivere in un nuovo quartiere. Il mattino seguente videro la vicina che stendeva i panni all'aperto. La moglie disse al marito: "Non ha lavato bene il bucato. Probabilmente non sa come lavare la biancheria". Il marito non disse nulla. Ogni mattino si ripeteva la stessa scena e il marito continuava a non rispondere ai commenti della donna.

Dopo qualche settimana la moglie indicò con grande sorpresa la biancheria stesa fuori e disse al marito: "Guarda, sembra che alla fine abbia imparato a lavare la biancheria come si deve. Tutti i panni stesi sono veramente puliti. Mi chiedo chi le abbia insegnato a farlo!".

L'uomo rispose: "Stamani mi sono alzato presto e ho lavato i vetri delle nostre finestre".

Questo è proprio quanto accade nella vita. Se vogliamo vedere la bontà negli altri dobbiamo prima purificare la nostra mente. Le emozioni negative come l'arroganza, la gelosia, l'invidia e l'odio distorcono la nostra visione e ci impediscono di accettare ed amare gli altri.

Coltivando un atteggiamento amorevole nei confronti di chi si relaziona con noi, purifichiamo la mente e creiamo intorno a noi un'atmosfera d'amore e di felicità.

63. La collera è un bene o un male?

Figli, un giorno un bambino fece questa domanda ad Amma: "Amma, esiste una collera buona e una collera cattiva?".

Ciò che determina se un'emozione è buona o cattiva sono le ragioni che la fanno apparire e i vantaggi che potremmo trarre. Ad esempio, una madre si arrabbia con il suo bambino per il bene del figlio. Nel cuore materno non c'è traccia di ostilità o di odio verso di lui. È l'amore e l'affetto per il proprio figlio che si esprimono come collera. Potremmo paragonarla al modo in cui la gatta trasporta i suoi gattini in un luogo sicuro tenendoli per la collottola.

Una madre vuole solo un futuro luminoso per il proprio figlio e quando si arrabbia con lui, questi potrebbe al momento rimanere male. Più tardi, però, comprenderà che la collera materna lo aveva salvato da un grave pericolo.

Per lo studente, la sgridata di un insegnante può essere una buona lezione. Questo rimprovero ha l'unico scopo di farlo studiare più duramente. Dietro l'ira dell'insegnante ci sono solo amore e affetto. Indossando l'ira come fosse una maschera, essa diventa un'altra forma di amore che, alla fine, aiuterà l'allievo.

Esiste un altro tipo d'ira che non ha come obiettivo il benessere dell'altro, ma nasce dall'arroganza e dall'egoismo della persona che la manifesta. Un esempio è la rabbia che scaturisce dalla gelosia di uno studente verso un compagno che ha ottenuto voti migliori dei suoi. Una simile rabbia ferirà entrambi e va contenuta non appena sorge. Se non si riesce a controllarla, è meglio allontanarsi dalla situazione che l'ha scatenata.

È naturale che pensieri d'ira sorgano nella mente, ciò nonostante non dovremmo agire sotto l'influenza di questa emozione. Prendiamo invece le distanze dalla situazione che l'ha provocata e soffermiamoci a riflettere. Dobbiamo fare attenzione e impedire che la nostra ira si trasformi in azioni di cui potremmo pentirci in seguito.

Quanti rapporti familiari e di amicizia si sono rotti per un solo momento di rabbia! In generale, si possono evitare simili problemi se entrambe le parti controllano l'ira e agiscono con discernimento. La meditazione e le pratiche spirituali giornaliere ci aiuteranno a controllare la mente; a poco a poco saremo in grado di notare il primo pensiero di rabbia che compare e quindi di contenerlo. Possano ogni pensiero, parola e azione dei miei figli diventare meditativi.

64. I Mahātmā

Figli, mentre si svolge una rappresentazione teatrale, il pubblico proverà una serie di emozioni. Riderà o piangerà in base alle azioni dei personaggi. Cosa accade però a chi ha scritto l'opera? Costui non sarà in ansia per la scena successiva perché sa esattamente cosa sta per accadere e cosa diranno i personaggi. Questo è anche il modo in cui i *Mahātmā* (anime spiritualmente illuminate) vivono in questo mondo: sanno cosa sta accadendo e cosa sta per accadere e quindi nulla nella vita può turbarli.

Sebbene i *Mahātmā* siano impegnati nell'azione, non hanno la percezione di esserne gli autori e non provano attaccamento per le loro azioni. Vivono nel mondo come il burro che galleggia sull'acqua. Figli, ricordate cosa disse il Signore Kṛiṣhṇa ad Arjuna: "O Arjuna, non c'è nulla nei tre mondi che io debba ottenere. Ciò nonostante, sono impegnato nell'azione". Alcuni figli potrebbero chiedere: "Perché allora i *Mahātmā* agiscono?". Lo fanno per risvegliare la consapevolezza di una condotta retta (*dharma-bōdha*) nelle persone. Questo è il movente di ogni loro azione. Il *dharma* prevarrà solo con il declino dell'*adharma* (iniquità).

Se un Paese non è protetto contro un governante depravato e crudele, verrà distrutto assieme al suo popolo. La radioterapia a cui ci si sottopone per uccidere le cellule tumorali uccide anche alcune cellule sane. Tuttavia questo trattamento aiuta la guarigione del paziente. Allo stesso modo, uccidere chi non esiterà a uccidere centinaia di persone può liberare un Paese e il suo popolo dalla morsa dell'*adharma*.

Mentre si svolgeva la guerra del *Mahābhārata*, una notte Duryōdhana si recò a far visita a Gāndhārī, sua madre, per chiederne le benedizioni e poter così diventare invincibile vincendo la guerra. Gāndhārī era una donna esemplare. Per solidarietà con l'uomo che aveva sposato e che era cieco, si era bendata gli occhi. Con i poteri acquisiti con tale ascesi, poteva con il suo sguardo rendere invincibile e forte come l'acciaio il corpo su cui lo avrebbe posato. Duryōdhana lo sapeva. Seguendo le istruzioni materne, si lavò e mentre si accingeva ad andare completamente nudo da lei, apparve improvvisamente il Signore Kṛiṣhṇa che gli disse: "Duryōdhana, cosa stai facendo? Vai tutto nudo da tua madre? Non puoi coprirti almeno i fianchi?".

Duryōdhana pensò che avesse senso ciò che il Signore aveva detto e così coprì le cosce e l'inguine con un panno. Quando arrivò da sua madre, Gāndhārī tolse la benda dagli occhi e guardò suo figlio. Ogni parte del corpo di Duryōdhana su cui posò lo sguardo divenne forte come l'acciaio e rimasero vulnerabili solo le parti coperte.

Quando in seguito Bhīma e Duryōdhana combatterono tra loro con una mazza, Bhīma non riusciva a sconfiggere il suo avversario. Alla fine, su suggerimento del Signore Kṛiṣhṇa, colpì le cosce di Duryōdhana con la mazza e lo uccise.

Alcune persone pensano che il Signore Kṛiṣhṇa non si sia comportato dharmicamente in questa situazione. Ma il Signore sapeva che, se il malvagio Duryōdhana fosse diventato invincibile, il *dharma* non avrebbe potuto regnare nel Paese. Per questo suggerì a Duryōdhana di coprirsi i fianchi e l'inguine. Solo così Bhīma avrebbe potuto vincere.

Le azioni dei *Mahātmā* potrebbero sembrare non etiche alla gente comune. Non dobbiamo giudicarle con una lettura superficiale delle situazioni, ma valutare la grandezza dei *Mahātmā* solo prendendo in considerazione le conseguenze del loro agire.

65. Nulla è insignificante

Figli, nulla in questo universo è insignificante: ogni cosa ha il suo posto e la sua importanza. L'incapacità di riconoscere tale verità è la causa della maggior parte dei problemi nella vita.

La mancanza di attenzione per le piccole cose conduce a grandi perdite. Se una piccola vite si allenta, l'aeroplano non funzionerà bene e la vita dei passeggeri sarà in pericolo. Pertanto, non possiamo considerare nulla come insignificante. Se un problema è piccolo non significa che sia insignificante. Se vi prestiamo la giusta attenzione, eviteremo pericoli maggiori.

Sono l'attenzione e la pazienza che rivolgiamo alle piccole cose che portano ai grandi successi. Un medico non solo era in età matura, ma aveva anche maturato anni di esperienza professionale. Un giorno, un giovane dottore lo chiamò e gli disse con grande agitazione: "Signore, hanno appena ricoverato un uomo che non si sa come ha ingoiato una pallina. Adesso la pallina è bloccata in gola. L'uomo respira a malapena e sta per morire. Non so cosa fare. La prego, mi dica cosa devo fare per salvarlo!".

Dopo qualche attimo di silenzio, l'anziano medico rispose: "Prendi una piuma e comincia a fargli il solletico".

Qualche minuto dopo il giovane dottore lo chiamò e tutto emozionato disse: "Signore, quando l'ho solleticato, l'uomo è scoppiato a ridere e ha espulso la pallina. È stato un vero miracolo! Dove ha imparato tale tecnica?".

L'anziano medico rispose: "Ascoltando la descrizione delle condizioni del paziente, mi è venuta questa idea. Ecco tutto".

Come una piccola piuma apparentemente insignificante è riuscita a salvare la vita a un uomo, così potremo compiere grandi cose prestando attenzione ai piccoli problemi.

Sono l'attenzione e il discernimento che mostriamo in questioni a prima vista banali che ci avvicinano a Dio. L'attenzione nelle questioni esteriori ci conduce ad essere vigili interiormente. È necessario essere attenti per avere successo nella vita spirituale e materiale. Figli, prestate quindi attenzione a ogni cosa.

66. La conoscenza e le osservanze

Figli, la spiritualità è la scienza della vita. Attraverso la conoscenza spirituale saremo in grado di affrontare con il giusto atteggiamento ogni situazione della vita e acquisiremo la forza necessaria per superare le sfide, le crisi e le debolezze. Non basta apprendere molti princìpi spirituali, fare discorsi e consigliare gli altri; questi princìpi devono diventare parte integrante della nostra vita, vanno espressi nelle nostre azioni.

Il modo in cui guardiamo gli altri, camminiamo, ci sediamo, ci comportiamo, tutto dovrebbe rispecchiare la nostra conoscenza spirituale. In genere gli studenti si siedono per le prove d'esame nel luogo, nel giorno e nell'ora stabiliti. Tuttavia, ciò che rivela il calibro di uno studente è il suo modo di affrontare un test a sorpresa.

Amma ricorda una storia. Un gruppo di studenti di un Gurukula[12] aveva portato a termine la propria formazione. Per ottenere il certificato dovevano ancora superare un esame condotto dal Guru. Dirigendosi rapidamente verso l'eremo per l'esame finale, imboccarono un viottolo pieno di spine. Alcuni studenti imprecarono contro la propria sorte e calpestarono le spine, mentre altri camminarono su un lato del sentiero cercando di non calpestarle. Vi fu però un giovane che umilmente disse agli altri: "Queste spine potrebbero pungere i piedi di chi cammina su questo sentiero. Adesso è ancora chiaro, ma presto scenderà la

[12] Letteralmente, la famiglia (*kula*) del precettore (*Guru*); la scuola tradizionale dove gli studenti rimanevano con il Guru per l'intera durata degli studi sulle Scritture.

sera e al buio sarà difficile vederle. Se lo facciamo tutti insieme, possiamo rimuovere le spine in poco tempo".

Nessuno però aveva voglia di aiutare. "L'esame inizierà presto e il Guru non sarà contento se arriviamo in ritardo. Dobbiamo raggiungere il suo eremo in fretta". Così dicendo gli studenti si allontanarono velocemente.

Rimasto solo, il discepolo cominciò a raccogliere le spine e a gettarle via e non si fermò neppure quando le spine gli punsero le mani. Non appena ebbe eliminato l'ultima spina, sentì qualcuno che lo aiutava ad alzarsi, appoggiando le mani sulle sue spalle. Era il suo Maestro. Abbracciandolo con affetto, il Guru disse: "Sono stato io a spargere le spine sul sentiero per mettervi alla prova. Tu sei l'unico ad aver superato l'esame!".

Qual è la morale di questa storia? Gli altri studenti erano più preoccupati del tipo di domande che il Guru avrebbe potuto fare loro e delle loro eventuali risposte. Ciò che avevano imparato non aveva portato luce nelle loro vite. Questo discepolo, invece, aveva trasformato la sua vita con la conoscenza acquisita. Il cuore della spiritualità sta nel mettere gli altri dinanzi a noi, invece di essere sempre concentrati sull'io e sul mio, e nell'aprire maggiormente il nostro cuore. Espandendolo, iniziamo a vedere i problemi degli altri e a percepire il dolore che provano come se fossero i nostri. In verità, rimuovere le spine dal sentiero altrui equivale a cospargere di fiori il proprio cammino. Non è necessario cospargere di fiori il nostro cammino, ci penserà la natura stessa. Non è attraverso le parole che un bravo discepolo risponde alle domande del Guru, ma attraverso la sua vita. In tal modo, le sue tendenze negative e l'egoismo spariranno. È solo quando il guscio dell'ego si rompe che troveremo interiormente il nostro vero io. Quando lo scopriremo, vedremo il Sé in ogni cosa e la nostra vita troverà il suo compimento.

67. L'intolleranza religiosa

Un giorno un famoso pittore dipinse il ritratto di una bellissima giovane. Tutti quelli che lo videro furono affascinati dalla sua bellezza. Alcuni di loro chiesero al pittore se si trattasse della sua fidanzata. Quando rispose di no, tutti desiderarono conoscerla e fecero pressione sull'artista affinché rivelasse il luogo dove abitava. Il pittore disse: "Guardate, non l'ho mai vista prima. La bellezza che vedete nel ritratto non si rifà a nessuna persona che conosco. Nel dipinto ho messo assieme gli occhi, il naso e altre caratteristiche fisiche di persone che ho visto. Anche se cercaste in tutto il mondo, non trovereste mai questa donna".

Ma loro non gli credettero e replicarono con rabbia: "Stai mentendo! Questa è una tattica per far sì che lei sia solo tua".

Il pittore cercò di nuovo di convincerli senza successo. Il loro desiderio di possedere la donna aumentò e ognuno di essi dichiarò: "La voglio per me, sarà mia!". Il tutto finì in una rissa violenta e alla fine si uccisero l'un l'altro.

I credenti di oggi sono come quegli ammiratori che volevano fare propria la donna del ritratto e cercano di trovare Dio seguendo le indicazioni contenute nei loro testi religiosi. Credono ciecamente che solo il loro Dio e la loro via siano vere. Dio, però, è la verità senza forma, raggiungibile in molti modi. Invece di comprendere questo concetto, lottano e combattono tra di loro senza mai trovare Dio.

Ognuno di noi vede il mondo attraverso lenti di diverso colore. Se guardiamo le cose indossando le lenti dell'odio e del settarismo, vedremo solo nemici ovunque e non vedremo mai un essere umano come tale. Se invece guardiamo il mondo attraverso le lenti dell'amore e della compassione, scorgeremo l'amore divino e la bellezza pervadere l'intero universo.

Amma pensa che una religione che chiede ai suoi fedeli di vedere come demoni chi professa altre fedi o è devoto ad altre forme del Divino non è una vera religione, ma solo bigotteria. In verità, i princìpi fondamentali di tutte le religioni sono l'amore, la compassione e l'unità. Dobbiamo cercare di assimilare e attuare tali princìpi nella nostra vita.

68. La vera preghiera 1

Figli, la preghiera è la pratica spirituale migliore per aprire il cuore a Dio ed instaurare un legame emotivo con Lui. È come un ponte che collega il *jīvātmā* (sé individuale) con il *Paramātmā* (Sé supremo). Quando un bambino ritorna a casa da scuola, getta per terra lo zaino, corre dalla mamma e con entusiasmo le racconta cosa è accaduto a scuola, le storie che ha raccontato il maestro e cosa ha visto di bello mentre tornava a casa. Allo stesso modo, la preghiera aiuta a sviluppare una relazione profonda con Dio. Raccontare ogni cosa al Signore alleggerisce il nostro cuore.

Dobbiamo coltivare uno stato d'animo in cui sentiamo che Dio è il nostro unico rifugio. Dobbiamo considerarLo il nostro migliore amico, qualcuno che è sempre con noi, nel bisogno e in tutte le altre circostanze. Quando Gli apriamo il nostro cuore, senza saperlo ci libriamo verso le vette della devozione. Tuttavia, non molte persone hanno oggi compreso il beneficio della preghiera. Per molti, la preghiera è chiedere al Signore che i loro desideri siano esauditi. Questo non significa amare Dio, bensì amare gli oggetti desiderati.

Oggigiorno c'è gente che addirittura prega chiedendo che certe persone soffrano. Un devoto non dovrebbe mai pensare di fare del male a nessuno. "Signore, fa' che non faccia torto a nessuno. Dammi la forza di perdonare gli altri per il male che hanno fatto e perdona i miei peccati. Ti prego, riversa su tutti le Tue benedizioni e rendili buoni". Questa dovrebbe essere la nostra preghiera. Pregare in questo modo infonde pace. Le vibrazioni che nascono da simili preghiere possono persino purificare l'atmosfera e un'atmosfera pura ha un effetto positivo sulla vita della gente.

La preghiera ideale è quella in cui si prega per il bene del mondo. La preghiera disinteressata è la necessità attuale. Quando raccogliamo un fiore per la *pūjā* (adorazione), consapevolmente o inconsapevolmente, siamo i primi a godere della sua bellezza e del suo profumo. Quando preghiamo per il bene del mondo, il nostro cuore si espande e le nostre preghiere portano beneficio a tutti e a tutto.

Come una candela si scioglie mentre dà luce agli altri, così un vero devoto aspira a sacrificarsi per aiutare gli altri. Il suo obiettivo è acquisire una mente capace di dimenticare le difficoltà personali con l'obiettivo di far felici gli altri. Questa è vera preghiera. Chi ha una tale mente, non deve andare da nessuna parte alla ricerca di Dio. Dio verrà a cercarlo e starà sempre con lui, sarà il suo sostegno e la sua forza.

69. La vera preghiera 2

Figli, alcune persone chiedono se pregare e cantare *bhajan* non sia una semplice manifestazione di emozioni e non riveli debolezza. La preghiera e i *bhajan* non sono affatto sintomi di debolezza mentale, non sono pura esternazione, ma un mezzo pratico per alleggerire il fardello della mente e risvegliare il cuore. Come l'aprire la valvola di una pentola a pressione fa fuoriuscire il vapore, così la preghiera è un mezzo scientifico per smorzare i conflitti e la tensione mentale.

La vera preghiera è un dialogo da cuore a cuore tra Dio e il devoto. In tale comunione, ogni attimo è pieno di beatitudine per il devoto. Quando due persone che si amano profondamente parlano tra di loro, non si annoiano nemmeno se conversano a lungo e non pensano mai che la loro conversazione sia un discorrere superficiale.

Di fatto, la preghiera è un dialogo con l'amato interiore e anche altro: è saper distinguere l'eterno dall'effimero. "Tu sei il Sé Supremo, il *Paramātmā*, non il sé individuale, il *jīvātmā*. Non sei destinato a soffrire perché la beatitudine è la tua vera natura": questa è l'essenza della preghiera.

Attraverso la devozione non si cerca un Dio nei cieli, ma ci si sforza di vedere il Divino in ogni essere, mobile ed immobile. Un devoto non vaga alla ricerca di Dio. Lo scopo della preghiera è aiutarci a realizzare il Divino che risplende interiormente come luce eterna.

Quando in cucina la lampadina da 100 watt si copre di fuliggine, la luce che emana è più fievole di quella di una lampadina da pochissimi watt. Se però la puliamo, la luce tornerà a splendere come prima. Allo stesso modo, la preghiera è uno strumento per liberarsi dalle impurità mentali che offuscano la nostra divinità interiore.

Come il sentiero della conoscenza, anche il sentiero della devozione ci porta a realizzare il Sé. Un bambino era andato a prendere una medicina per il padre ammalato che era a letto. Quando tornò nella stanza, la luce si spense improvvisamente. Non vedendo nulla, il ragazzino cominciò a procedere a tastoni. Toccando il muro, pensò: "No, non è qui". Poi toccò la porta, il tavolo e il letto pensando ogni volta: "No, non è qui". Infine, toccò il padre e pensò: "Questo è papà!". Era giunto al padre attraverso un processo di negazione. Il percorso della devozione è lo stesso: il devoto non accetta nulla che non sia Dio, pensa solo a Lui. Mentre i ricercatori che seguono il sentiero della conoscenza affermano: "Io non sono il corpo, né la mente, né l'intelletto, bensì il Sé", i devoti dicono: "Io appartengo a Dio, che si manifesta come l'intera creazione".

Con la preghiera percepiamo che tutto è Dio. Il devoto che vede il Signore ovunque dimentica se stesso, si spoglia completamente della sua individualità limitata e diventa tutt'uno con Lui. La sua stessa vita diventa preghiera.

70. L'adorazione mentale

Figli, alcune persone adorano il Dio senza forma, altri Lo adorano negli idoli e in altre forme simboliche. L'obiettivo di entrambi è fissare il pensiero su di Lui. Per la mente è difficile concentrarsi anche solo per un istante e la *mānasa-pūjā*, o adorazione mentale, è il modo più facile per legare la mente irrequieta a Dio senza che sia aggrappata a nulla di esterno.

La mente tende a identificarsi con ogni suo pensiero ed è proprio questa tendenza che viene incanalata nella *mānasa-pūjā*. Ecco perché è più facile acquisire maggiore concentrazione durante la *mānasa-pūjā* rispetto a una comune *pūjā* (rituale di adorazione). Nella *mānasa-pūjā* dobbiamo innanzitutto visualizzare la nostra amata divinità seduta su un trono nel nostro cuore. Proprio come una madre fa il bagno alla sua bambina, la asciuga, la veste, le pettina i capelli, adorna la sua fronte con un puntino e la prepara per la scuola, bisogna immaginare di adorare la nostra amata divinità con sfarzo e magnificenza. Infine, dobbiamo recitare i nomi di Dio o pregare la nostra divinità prediletta.

Al Signore non importa se la *pūjā* è sontuosa. Ciò che desidera è un cuore che si è abbandonato completamente a Lui. Solo un tale cuore lo compiace.

Amma ricorda una storia. Un sacerdote stava adorando Dio offrendogli diverse varietà di fiori. Alla fine, chiese: "Signore, sei soddisfatto? C'è qualcos'altro che potrei offrirTi?".

L'uomo era fiero di se stesso, pensando che il suo atto di culto fosse grandioso e avesse offerto ogni possibile cosa. Il Signore rispose: "C'è ancora un fiore da offrire".

"Di quale fiore si tratta?" chiese il sacerdote.

"Del fiore del cuore" disse il Signore.

"Signore, dove posso trovarlo?".

"Vicino a te".

Il Signore stava parlando del fiore rappresentato dal cuore. Non avendolo capito, il sacerdote cominciò a cercare il fiore del cuore. Lo cercò dappertutto senza trovarlo. Alla fine, si gettò ai piedi del Signore e disse: "Signore, non sono riuscito a trovare il fiore del cuore da nessuna parte. Ho solo il mio cuore da offrirti. Ti prego, accetta questa offerta".

Il Signore disse: "Questo è il fiore del cuore che intendevo. Ciò che prediligo è il fiore dell'innocenza. Perfino se spendi milioni e milioni di rupie e svolgi centinaia di *pūjā* non avvertirai la Mia presenza nemmeno per un attimo. È il tuo cuore innocente che voglio, non le *puja* né le ricchezze".

Lo scopo di tutte le pratiche spirituali è sviluppare una completa concentrazione su Dio. La *mānasa-pūjā* ci può aiutare ad acquisire facilmente tale concentrazione.

71. Vivere nel momento presente

Figli, la mente è difficilmente focalizzata nel momento presente e tende a pensare ad avvenimenti passati o a ciò che potrà accadere. Tutto ciò che abbiamo è il momento presente. È come del denaro nelle nostre mani: lo possiamo spendere con saggezza o sperperarlo.

Il dolore, l'amarezza e il senso di colpa per ciò che è accaduto in passato sono spesso la causa della nostra sofferenza. Rimuginare sul passato è come abbracciare un cadavere in decomposizione. Per contro, se continuiamo a pensare al futuro, non potremo assaporare la pace e la contentezza del momento presente. Chi decide di dormire vicino alla tana di un cobra non riuscirà a chiudere occhio neppure per un secondo, in preda alla paura. Allo stesso modo, le paure e le ansie per il futuro ci tolgono la pace interiore e bloccano ogni nostro talento. Alcuni bambini danzano con passione quando sono a casa, ma quando si esibiscono sul palco e sono assaliti dalla paura, si muovono come se danzassero su un palco traballante, incapaci di esprimere emozioni con il volto. La paura interiore distrugge la bellezza della danza e le emozioni che suscita.

Vivere nel momento presente significa agire con saggezza in ogni istante senza preoccuparsi del passato o del futuro. È l'attenzione con la quale agiamo nel momento presente che determina quanto sarà luminoso il nostro futuro. Pertanto, ogni momento è prezioso.

Un ragazzo era solito trascorrere il suo tempo guardando la televisione. Ogni volta che i suoi genitori gli dicevano di studiare, rispondeva: "Gli esami sono nel futuro, giusto? Il saggio dice che non bisogna preoccuparsi del futuro e di essere felici nel momento presente. Odio studiare. Sto guardando la TV per godermi il momento presente".

I genitori portarono il ragazzo da un Guru che gli disse: "Figlio, vivere nel momento presente vuol dire utilizzare nel modo più efficace il momento presente. Se fai così, potrai vivere sempre felice. Se invece sperperi il tuo tempo immerso nei piaceri passeggeri, te ne pentirai per il resto della vita. Se guardi continuamente la TV, non riuscirai neppure a guadagnare abbastanza denaro per acquistare un televisore. Pertanto, usa ogni momento con molta attenzione. È il presente che plasma e salvaguarda il futuro. Mentre studi, concentrati sugli studi. Mentre giochi, divertiti immerso nel gioco. Mentre preghi, prega con tutta sincerità".

Il presente è un dono di Dio inestimabile. Se agiamo con attenzione nel presente, il nostro futuro sarà luminoso.

72. La vita è una palestra

Figli, tutti noi desideriamo che gli altri si comportino amorevolmente e con pazienza nei nostri confronti. Se ci sembra che il loro comportamento non risponda alle nostre aspettative, non esitiamo a criticarli, rimproverarli e giudicarli severamente. Tuttavia, molti di noi dimenticano che anche gli altri si aspettano da noi un comportamento esemplare.

Se rimaniamo intrappolati nel traffico, continueremo a suonare il clacson per far muovere l'auto che si trova dinanzi a noi e malediremo il guidatore come se fosse lui la causa dell'ingorgo. Allo stesso tempo diremo al guidatore dietro di noi: "Ehi, perché tanta impazienza? Non vedi il traffico? Un po' di pazienza!".

La vita è una palestra in cui migliorare noi stessi. Quando vediamo che qualcuno commette uno sbaglio, dobbiamo imparare a non compiere lo stesso errore. E quando vediamo qualcuno agire bene, dobbiamo trarre ispirazione per comportarci come lui e sforzarci di fare del bene. Coltivare simili atteggiamenti ci aiuterà a migliorare e a crescere.

La maggior parte di noi non è pronta a essere sincera in ogni occasione, ma non perdona mai la disonestà negli altri. Un ladro brandisce un coltello minacciando un capofamiglia ed esclama: "Dove hai nascosto l'oro, i gioielli e il contante? Dimmi la verità o ti uccido!". Persino un ladro si aspetta la verità dagli altri.

Un uomo disse a un operatore sociale: "Anch'io voglio aiutare nel sociale, come fai tu".

L'operatore sociale rispose: "Non è così facile. Dovrai fare molti sacrifici e devi essere disposto a dare ciò che è tuo ai poveri".

"Sono disposto ad affrontare qualsiasi sacrificio".

"Se hai due auto, devi essere pronto a donarne una".

"Perché no? Certamente!".

"Se hai due case, devi essere pronto a donarne una".

"Sicuro!".

"Se hai due mucche, devi darne una a qualcuno che non possiede bestiame".

"Oh! Non posso farlo".

"Perché no? Non hai avuto alcuna esitazione a dare via l'auto e la casa. Perché non vuoi dare via la tua mucca?".

"Perché non ho due auto né due case, ma ho due mucche".

In una mente egoista non c'è spazio per gli ideali. Gli ideali si riflettono in ogni pensiero e in ogni parola ed azione di chi ha saputo vincere l'egoismo. Più di qualsiasi predica, è il mettere in pratica un ideale che aiuta gli altri a farlo proprio.

73. La necessità di avere un Guru

Figli, le Scritture dicono che Dio è dentro di noi, che non è separato da noi. Se è così, qualcuno potrebbe chiedersi perché allora sia necessario avere un Guru. Dio è dentro di noi, ma per realizzarlo dobbiamo affidarci a un Guru per eliminare il nostro ego. Solo chi è sveglio può svegliare qualcuno che dorme profondamente. Anche se uno stoppino è pronto per essere acceso, ha comunque bisogno della fiamma di un altro stoppino. Allo stesso modo, per realizzare Dio in noi, abbiamo bisogno dell'aiuto di un maestro spiritualmente illuminato.

Per quanto scaviamo profondamente per trovare l'acqua, non riusciremo mai a trovarla in certi posti. Se però scaviamo vicino a un fiume, la troveremo dopo poche palate di terra. Allo stesso modo, le qualità nobili e i talenti del discepolo si manifesteranno in poco tempo alla presenza del Guru.

Il Guru creerà varie situazioni per aiutare il discepolo a liberarsi della pigrizia, a superare le *vāsanā* (tendenze latenti), permettendogli così di realizzare la Verità. Un giorno, un Guru e il suo discepolo stavano tornando nell'*āśhram* dopo un pellegrinaggio. A metà strada, il discepolo disse: "Non riesco più a fare un altro passo! Mi lasci riposare un po' sotto questo baniano". Il Maestro insistette affinché continuassero, ma il discepolo si rifiutò. Così il Guru decise di proseguire da solo. Sul ciglio della strada vide alcune persone che lavoravano in un campo, mentre i figli giocavano lì vicino. Un bimbo era completamente addormentato per terra. Senza farsi notare, il Guru prese il bimbo e lo mise vicino al discepolo addormentato sotto l'albero e poi si nascose.

Quando i contadini si accorsero che il bimbo era scomparso, scoppiò il caos! Tutti cominciarono a correre di qua e di là in cerca del piccolo. Udendo il trambusto, il discepolo si svegliò. Infuriati, i contadini gli chiesero: "Hai rapito il bambino?". Vedendo che stavano per avventarsi su di lui, il discepolo balzò in piedi, si mise a correre per mettersi in salvo e in breve raggiunse l'*āśhram*. Quando il Guru arrivò, trovò il discepolo che dormiva esausto. "Avevi detto che non saresti riuscito a fare un passo in più, ma hai raggiunto l'*āśhram* prima di me", disse il Maestro. Quando il discepolo è riluttante ad obbedire alle parole del Guru, questi farà tutto il necessario per riportarlo sulla giusta strada.

Oggigiorno siamo schiavi della mente e degli organi di senso. Se però obbediamo alle indicazioni del Guru, potremo liberarci per sempre da questa schiavitù.

La presenza del Guru

Figli, è necessario un Guru per raggiungere la meta spirituale? Molte persone si chiedono perplessi se l'obbedienza al Guru non sia una forma di schiavitù. Attualmente, siamo come un re, amareggiato perché ha sognato di essere un mendicante. Il Guru ci risveglia dal sonno dell'ignoranza, la causa del dolore.

Se qualcuno ci chiede di recitare una poesia che abbiamo studiato a memoria quand'eravamo piccoli, ma che adesso abbiamo dimenticato, e ci recita i primi versi del poema, le altre strofe ci ritorneranno quasi subito alla memoria. Allo stesso modo, noi siamo in uno stato di oblio spirituale. I consigli del Guru hanno il potere di risvegliarci da questo oblio.

In un seme è presente un albero, che nascerà solo se il seme finisce sottoterra e il suo guscio si rompe. Analogamente, anche se siamo manifestazioni della verità suprema, ne faremo l'esperienza solo se il guscio del nostro ego si apre. Il Guru creerà le circostanze per distruggere l'ego. Una piantina può diventare un albero solo se le condizioni atmosferiche sono adatte, se riceve l'acqua e il concime adeguati e al momento giusto, e se viene protetta dagli animali e dagli insetti che potrebbero danneggiarla. Allo stesso modo, il Guru crea le circostanze favorevoli alla crescita spirituale del discepolo e lo protegge in ogni momento.

Come un filtro per l'acqua, il Guru purifica la nostra mente e rimuove l'ego. Dominati dall'ego, agiamo senza discernimento. Un ladro si introdusse in una casa svegliandone gli abitanti. A questo punto fuggì e le persone della casa si misero ad urlare: "Al ladro! Prendetelo!". I vicini cominciarono ad inseguirlo, seguiti da sempre più gente. Il ladro si unì alla folla e anche lui iniziò a gridare: "Al ladro! Prendetelo!". Alla fine, nessuno fu più in grado di capire chi fosse il ladro per acciuffarlo. Analogamente, quando il nostro ego alza la testa, il discepolo non ne è consapevole e, incapace di fermarlo con le proprie forze, deve affidarsi a un Guru.

Il Maestro cerca costantemente di sradicare il senso dell'io nel discepolo. Obbedire alle sue parole non è schiavitù, bensì la via che conduce alla libertà e alla beatitudine eterne. Il Guru ha un unico obiettivo: liberare il discepolo dal dolore. Questi potrebbe sentirsi ferito quando viene rimproverato, ma deve ricordarsi che il Guru si comporta così solo per sradicare le sue *vāsanā* e risvegliarlo alla sua vera natura. Farlo, sarà un po' doloroso. Per guarire una ferita infetta è necessario drenare il pus. Forse il medico dovrà incidere la ferita per farla spurgare. Potremmo pensare che il medico che si comporta così sia crudele, ma se questi medicasse la ferita senza prima far fuoriuscire il pus perché non vuole far male al paziente, la ferita non guarirebbe. Allo stesso modo, i rimproveri del Guru potrebbero ferire il discepolo. Però l'unico obiettivo del Guru è quello di indebolire le *vāsanā* del discepolo.

Il Guru non è solo una persona fisica, ma anche l'Essere Supremo. È l'incarnazione di ideali quali verità, *dharma* (rettitudine), rinuncia e amore. Alla sua presenza, il discepolo può assimilare questi ideali ed elevarsi. Tale è la grandezza della sua presenza.

Il vero Guru

Figli, tra le relazioni umane, la più nobile è quella Guru-discepolo. Nella cultura indiana, essa occupa il posto più alto anche se molti, oggi, non l'hanno compresa correttamente. Alcune persone chiedono: "L'obbedienza e l'atteggiamento di umiltà nei confronti di un Guru non sono forse una forma di schiavitù?". Per realizzare la Verità, il senso dell'io deve scomparire e può essere difficile per un discepolo sradicarlo solo con la pratica spirituale; deve effettuare le pratiche spirituali sotto la guida del Guru. Inchinandosi a lui, il discepolo non rende omaggio a un individuo, ma all'ideale che incarna.

Obbedire e rispettare i genitori, gli insegnanti e gli anziani ci aiuta a crescere. Allo stesso modo, obbedire al Guru permette al discepolo di espandere il proprio essere.

Il Guru potrebbe essere severo con il discepolo, ma lo fa solo per il suo bene. Se un bambino cerca di mettere le mani nel fuoco, la mamma potrebbe persino sculacciarlo. Lo fa perché lo odia? Assolutamente no. Agisce solo per salvare il figlio dal pericolo. Se un vero Guru rimprovera i suoi discepoli, lo fa solo perché gli sta a cuore il loro progresso spirituale.

Quando viaggiamo in aereo dobbiamo allacciare la cintura di sicurezza. Farlo, non limita la nostra indipendenza, ma protegge la nostra incolumità. Allo stesso modo, il Guru consiglia al discepolo di osservare *yama* e *niyama* (precetti etici) e seguire altre regole per la sua crescita spirituale affinché sia protetto dai pericoli.

Se vediamo qualcuno fare a pezzi dei fogli di carta colorata, potremmo chiedergli: "Perché stai tagliando quei fogli colorati e li sprechi?", non sapendo che in effetti lui è un artista che sta realizzando fiori di carta. In quei fogli, l'artista vede qualcosa che gli altri non sanno vedere. Allo stesso modo, il Guru vede nel discepolo ciò che questi non riesce a vedere, e si comporta severamente con lui e lo rimprovera solo per aiutarlo a manifestare il Sé interiore.

È il nostro atteggiamento che rende ogni esperienza spiacevole o piacevole. Il pensiero che dopo nove mesi nascerà il suo bambino rende la gravidanza un'esperienza gioiosa per la madre in attesa. Analogamente, un discepolo che vuole crescere spiritualmente non considera mai il rimprovero o la punizione del Maestro come una vessazione.

Un vero Maestro non considera mai il discepolo come uno schiavo. Avendo il cuore colmo di amore per lui, desidera solo che questi raggiunga l'obiettivo, anche se ciò potrebbe voler dire andare incontro alla sofferenza. Un vero Maestro è superiore persino alla madre più nobile.

La disciplina del Guru

Figli, nella vita spirituale viene data molta importanza allo stare vicino al Guru e al suo insegnamento. La sua presenza e le sue parole creeranno situazioni che faranno emergere nel discepolo, anche se non ne è consapevole, virtù come la pazienza. Il Maestro gli farà svolgere lavori che non gli piacciono e il discepolo potrebbe disobbedire. A quel punto, il Guru gli darà dei consigli e le sue parole ispiratrici indurranno il discepolo a riflettere sull'accaduto e a trovare la forza interiore per superare le sfide.

L'amore è il più potente purificatore del cuore umano. Solo l'amore del Maestro è completamente altruistico. Anche se il mondo intero odia un discepolo, il suo Guru non lo farà, non lo abbandonerà mai.

Un Guru adottò un orfanello e lo crebbe amorevolmente. Gli altri discepoli pensavano che il Maestro gli desse troppo amore e affetto e si ingelosirono. Crescendo, il bambino sviluppò cattive abitudini e si abbandonò al vizio, ma anche allora l'amore del Guru per lui non diminuì. Per gli altri discepoli, tutto ciò era insopportabile e non riuscivano a capire perché il Maestro mostrasse così tanto amore per una tale canaglia. Una notte un discepolo disse al Guru: "Il tuo amato figlio è privo di sensi ed è steso in mezzo alla strada, ubriaco fradicio".

Senza dire una parola, il Guru uscì dall'*āśhram* e dopo aver camminato un po' vide il ragazzo privo di conoscenza sul ciglio della strada, sulla neve ghiacciata. Poiché non indossava nessun indumento caldo, il Guru si tolse lo scialle di lana, lo coprì e poi tornò all'*āśhram*. Il mattino seguente il discepolo riprese conoscenza. Nel vedere lo scialle che lo copriva, si disse, mortificato: "È lo scialle del mio Guru!". Sopraffatto dal rimorso scoppiò a piangere e corse nell'*āśhram*. Si prostrò ai piedi del Guru e gli lavò i piedi con le lacrime. Tali lacrime lavarono anche il suo cuore e in questo ragazzo disprezzato da tutti avvenne una trasformazione. Alla fine, diventò persino un esempio da emulare per gli altri discepoli.

Il Guru che conosce i *samskāra* (le impressioni mentali o i tratti della personalità) del discepolo, agisce secondo la sua intuizione divina. Pertanto, prima di valutarne il comportamento, riconosciamo i nostri limiti. Il Guru agisce pensando a ciò che è necessario per la crescita del discepolo e lo guida alla meta rendendolo consapevole, in ogni momento, della grandezza della vita.

La grandezza del Guru

Figli, alcuni chiedono: "Se il Guru e Dio sono dentro di noi, che bisogno c'è di un Guru esteriore?". È vero che il Guru e Dio sono dentro di noi, ma la maggior parte delle persone non sono capaci di realizzare da sole il Dio che è in loro e non sanno assimilare le istruzioni del Maestro interiore. Tranne quei pochissimi che nascono con una notevole maturità spirituale acquisita in nascite precedenti, nessuno è in grado di realizzare la Verità senza l'aiuto di un *Satguru* in forma umana. Il *Satguru* è una manifestazione visibile di Dio. Il ruolo di un *Satguru* è persino più elevato di quello di Dio perché guida il discepolo, afflitto da innumerevoli debolezze e tendenze latenti, con una pazienza e una compassione infinite.

Lo scultore vede con l'occhio della mente la statua nascosta nella pietra che si rivelerà quando lui avrà eliminato le parti indesiderate con lo scalpello. Allo stesso modo, il Guru fa emergere nel discepolo la pura essenza della divinità. Svolgendo le pratiche spirituali indicate, le impurità svaniscono e la Verità diventa manifesta. È come porre una statua ricoperta di cera vicino al fuoco: la cera si scioglierà e affiorerà la statua.

Al momento, anche se diciamo di essere svegli, in realtà non lo siamo completamente: siamo semiaddormentati. Per svegliarci completamente, abbiamo bisogno dell'aiuto del Guru.

La pioggia che cade sulla cima di una montagna scorre verso il basso. La natura della mente è simile. Potremmo sentire che la mente si trova su un piano elevato, ma dopo pochi secondi va rapidamente verso il basso. Per quanto studiamo le Scritture, la mente sviluppa automaticamente attaccamento verso gli oggetti dei sensi. Il Guru conosce bene le debolezze della mente e come superarle. La natura dell'acqua è scorrere in basso, anche se come vapore acqueo si dirigerà verso l'alto. Allo stesso modo, il Guru sa che, risvegliando la consapevolezza nel discepolo, può elevare la sua mente a grandi altezze. Una volta che la consapevolezza è stata risvegliata, ovvero quando il Guru interiore si è risvegliato, non è più necessario il Guru esteriore.

Ogni parola pronunciata da chi possiede una consapevolezza illuminata è un *satsaṅg*. Ogni sua azione è una preghiera e una meditazione e ogni suo respiro porta beneficio al mondo.

74. Sorridi sempre, anche nel mezzo di una crisi

Figli, dobbiamo poter affrontare le crisi della vita con un sorriso. Sia che ridiamo o piangiamo, la vita continua. A questo punto, non sarebbe meglio vivere sorridendo? Il sorriso è la musica dell'anima.

Come ogni altra decisione, anche la felicità è una decisione. Se decidiamo di essere felici, al di là di quello che accade, possiamo sicuramente creare un'atmosfera gioiosa nella nostra vita. La presenza di una persona solare suscita gioia negli altri.

Qualcuno potrebbe chiedere: "Com'è possibile sorridere quando si sta vivendo un'esperienza dolorosa o si è davanti a un grande ostacolo?". Affrontare i problemi con un sorriso non significa essere impassibili, ma le amarezze e gli insuccessi che dovremo affrontare nella vita non dovrebbero mai farci perdere il coraggio, la presenza di spirito e una fede ottimistica. Anche se perdessimo tutte queste qualità, dovremmo poterle riconquistare rapidamente. Molti iniziano a rimuginare, a criticare gli altri e a disperare alle minime difficoltà, ma ci sono anche persone che vanno avanti con coraggio e ottimismo pur soffrendo intensamente. Questo è ciò che s'intende con sorridere pur nel mezzo di una crisi.

Alcuni celebrano perfino le sventure. Il Signore Kṛiṣhṇa è noto per il sorriso che non scompariva mai dal Suo volto. In alcuni Paesi, le salme vengono portate al cimitero cantando e danzando, trasformando così la morte in una festa.

Alcuni dicono che chi ha scalato le vette della spiritualità potrà pure vivere costantemente con il sorriso sulle labbra, mentre per la gente comune non è fattibile affrontare allo stesso modo la gioia e il dolore. Sorridere nel bel mezzo di una crisi non significa reprimere il dolore, bensì non arrendersi. Vuol dire superare, non sopprimere. Non c'è nulla di male nell'esprimere il dolore quando siamo tristi, ma non dobbiamo restare bloccati in questa emozione. Dobbiamo rialzarci e andare avanti.

Un sorriso non è solo la distensione dei muscoli facciali. Ogni azione che fa bene a noi e alla società è, difatti, un sorriso. Anche se chi compie buone azioni non sorride esternamente, il suo cuore gentile è un grande sorriso. C'è davvero un sorriso in ogni nostra buona azione o parola dolce. Un sorriso che nasce da un cuore pieno d'amore dà conforto e ispirazione: è la medicina che sana ogni ferita.

75. La spiritualità

Figli, la spiritualità è la conoscenza del Sé, la realizzazione della nostra vera natura. Non serve a nulla essere un re se non si sa di esserlo. Anche se ci sono gemme preziose sotto la capanna di un mendicante, questi rimarrà un mendicante finché non verrà a conoscenza del tesoro. La maggior parte di noi si trova in una situazione simile. La gente si ferisce l'un l'altra inseguendo ricchezza e piaceri dei sensi e arriva a distruggere anche la natura. Per elevare tali persone, dobbiamo porci al loro livello.

Un mago vestito in modo eccentrico arrivò in un villaggio. Gli abitanti del villaggio cominciarono a prendersi gioco di lui. Quando le beffe aumentarono, il mago si arrabbiò. Così, mormorò qualche mantra su un pugno di cenere che poi buttò nel pozzo del villaggio. Aveva lanciato una maledizione: chi avrebbe bevuto quell'acqua sarebbe impazzito. Poiché tutti bevevano l'acqua di questo pozzo, diventarono tutti matti. Solo il capo del villaggio rimase sano di mente perché beveva unicamente l'acqua del suo pozzo. Tutti gli altri abitanti iniziarono a urlare qualsiasi cosa passasse loro per la testa, a ballare e a fare un gran baccano. Quando si accorsero che il capo del villaggio non si comportava come loro, si stupirono. Vedendolo agire diversamente, giunsero alla conclusione che fosse impazzito. Così cercarono di acciuffarlo e di legarlo. Scoppiò il finimondo.

L'uomo riuscì in qualche modo a sfuggire alle loro grinfie. "Tutti gli abitanti del villaggio sono matti", pensò, "Se mi comporto in modo diverso non mi lasceranno in pace. Se voglio continuare a vivere qui ed elevarli non posso che agire come loro. Per catturare un ladro bisogna travestirsi da ladro". Così cominciò a urlare e a ballare come gli altri. Gli abitanti furono contenti nel vedere che era rinsavito. Il capo del villaggio fece scavare un altro pozzo e incoraggiò le persone a berne l'acqua. Lentamente, riacquistarono tutti la ragione.

I *Mahātmā* sono come il capo del villaggio di questa storia. Sebbene servano le persone senza alcuna aspettativa, queste potrebbero deriderli e persino etichettarli come matti. Non che queste Grandi Anime siano preoccupate da tali prove, perché considerano l'elogio e il biasimo allo stesso modo. I *Mahātmā* scendono al livello delle persone e attraverso l'esempio insegnano loro a servire senza aspettative e ad amare in modo spassionato.

La spiritualità non è solo credere in Dio o svolgere riti religiosi. Se la religione deve diventare un ponte che collega i cuori umani invece di creare barriere tra le persone, allora bisogna andare oltre le usanze e i precetti per cogliere e fare propria l'essenza della spiritualità. Solo allora il *dharma* (la rettitudine), i valori nobili e l'attitudine a servire altruisticamente regneranno nella società.

76. Le responsabilità dei media

Figli, i giornali e la televisione sono entrati a far parte della nostra vita. Potremmo persino affermare che i mass media mettono in comunicazione le persone di tutto il mondo. Sono lo specchio del nostro Paese e del mondo e, soprattutto, costituiscono un punto di riferimento per la società. Influenzano fortemente l'opinione pubblica e per questo motivo hanno una grande responsabilità nei confronti della società.

I media devono diventare uno strumento per affinare la mente collettiva. La violenza crescente, l'ingiustizia, la corruzione, i conflitti ed altre questioni sociali sono tutti una nostra creazione. Ogni problema inizia prima di tutto nella mente. Di conseguenza, il nostro primo dovere è purificarla.

La bontà, i nobili valori, le nobili tradizioni e la consapevolezza di ciò che è giusto fanno parte del *samskāra*. I media hanno il dovere di rivelare la verità e denunciare ciò che è illecito; devono insegnare al pubblico a distinguere il bene dal male. Oggi, la maggior parte dei giornali e dei media non sono neutrali nel presentare le notizie e nei contenuti dei programmi, ma si schierano da una parte o dall'altra: un fatto ben lontano dall'ideale. I media dovrebbero promuovere il *dharma* e incoraggiare *samskāra* positivi, risvegliare una società assopita e instillare il discernimento e il giusto *samskāra* nella gente.

Invece di dare eccessiva risonanza a qualità negative creando così sconcerto, i media devono evidenziare gli aspetti nobili ed esemplari della società. Invece di cullare le persone favorendo uno stato di letargia, le notizie e i programmi di intrattenimento dovrebbero guidarle verso la musica eterna del risveglio.

L'India e la sua terra hanno un profumo unico, nato dalla fragranza immortale dei valori come la rinuncia, l'amore, l'austerità e la spiritualità. Il legame d'amore tra i genitori e i figli, la reverenza nei confronti dei Guru e le relazioni sane con i vicini, ne sono la ricchezza. Persino le forme d'arte sono sempre state una modalità di culto. Ciò di cui abbiamo bisogno è un intrattenimento e una conoscenza capaci di riconoscere questa eredità e questa cultura gloriosa. Solo allora potremo forgiare una società esemplare. Imitare ciecamente l'Occidente sottrarrà la nostra energia.

Il motto della vita di Bhārat (India) è *Satyam, Śhivam, Sundaram*: Verità, Buon Auspicio e Bellezza. Il dovere principale dei media è scoprire la bellezza portandola poi nella vita umana e nella natura. Solo ciò che è vero e di buon auspicio può condurci alla vera bellezza. Dovremmo focalizzarci non solo su ciò che è popolare, ma anche su ciò che è buono e benefico per la società.

Possano i media essere capaci di impartire una conoscenza e un intrattenimento radicato nel *dharma* e nel *samskāra* e diventare il motore della trasformazione della società.

77. Accettare ogni cosa come un dono di Dio

Figli, alle persone viene naturale lamentarsi delle circostanze quando vanno incontro a fallimenti nella vita. Tutti noi diamo la colpa agli altri o alle situazioni quando si tratta dei nostri insuccessi, dei dispiaceri o delle grandi difficoltà che incontriamo. Tuttavia, se ci pensiamo bene, scopriremo che il vero motivo di tutti i nostri problemi è dentro di noi. Se siamo disposti a volgerci all'interno e a riconoscere le nostre debolezze, possiamo affrontare qualsiasi cosa.

Immaginate che qualcuno getti i rifiuti dal piano superiore di una casa mentre stiamo passando e l'immondizia ci finisca addosso. Potremmo arrabbiarci verso chi l'ha gettata con noncuranza. Se però pensiamo che non avesse intenzione di gettarli proprio addosso a noi, potremmo anche perdonarlo.

È pur vero che potremmo trovarci di fronte a situazioni in cui non abbiamo altra scelta che accettare le cose con calma anche se sono spiacevoli. Ad esempio, immaginiamo che un mango marcio ci cada in testa mentre passeggiamo in un frutteto e che il suo succo putrido ci coli sulla fronte e sulle guance. Potremmo maledire il frutto e l'albero di mango e poi, nella foga, anche la forza di gravità. Facendolo, agiremo come dei veri e propri idioti perché è naturale che i manghi maturi cadano dai rami. Impariamo quindi ad accettare simili situazioni senza reagire.

Se ci impegniamo, possiamo trovare soluzioni alla maggior parte dei problemi della nostra vita. Quando gli altri sbagliano, possiamo reagire o perdonarli: la scelta è la nostra. Tuttavia, ci saranno alcune situazioni che vanno accettate come la volontà di Dio o sono da considerare inevitabili.

Quando subiamo un insuccesso o dobbiamo affrontare un problema, non incolpiamo le circostanze o gli altri, ma impariamo a superare le nostre debolezze e a trovare il vero motivo dei nostri fallimenti e problemi. Non dobbiamo disperare se falliamo, bensì raddoppiare i nostri sforzi. Se la situazione sfugge al nostro controllo, accettiamola invece di abbatterci. La presenza mentale va salvaguardata in qualsiasi circostanza, come se fosse una gemma inestimabile.

Quando riceviamo il *prasād*[13] dal tempio, potremmo trovarvi alcuni noccioli: dopo averli tolti, mangeremo il *prasād* con devozione. Allo stesso modo, dobbiamo saper accettare ogni situazione con *prasāda-buddhi*, pensando che sia un dono di Dio. Un simile atteggiamento svilupperà maggiormente il nostro autocontrollo, ci aiuterà a purificare la mente e a mantenere il nostro buon umore.

---

[13] Offerta a Dio, solitamente cibo, che viene poi condivisa tra i devoti come un dono consacrato.

78. La paura

Figli, viviamo costantemente in uno stato di paura per una cosa o l'altra e questo ci uccide in ogni istante. La paura ci perseguita, sia che siamo svegli o dormiamo. Abbiamo paura di fare o di non fare qualcosa.

Questa emozione ci assale quando abbiamo la sensazione di non essere in grado di risolvere i problemi. Ingigantiamo quelli che abbiamo di fronte e quelli che potrebbero insorgere e iniziamo a preoccuparci. Se però compiamo coraggiosamente il primo passo, scopriremo che è possibile affrontarli. In genere, ciò che ci preoccupa è il futuro. Se ci volgiamo indietro e rivediamo il nostro passato, ci rendiamo conto che la maggior parte delle nostre paure erano infondate.

Dobbiamo essere ancorati alla realtà. Una volta compresa la natura di un oggetto, questo non incuterà più timore: il fuoco è necessario per cuocere il cibo, per combattere il freddo, per disperdere il buio e per molte altre cose. Tuttavia, se lo tocchiamo ci bruceremo. Quindi, se comprendiamo la sua natura e capiamo come usarlo nel modo corretto, non dobbiamo temerlo. Allo stesso modo, le Scritture ci dicono di vivere comprendendo la natura del mondo. Se vediamo la vita da una prospettiva spirituale, non saremo travolti inutilmente dalla paura.

Non possiamo rinunciare completamente ai nostri bisogni e desideri, ma dobbiamo ridurre questi ultimi. Se non lo facciamo, la paura non ci abbandonerà. Un uomo chiese un mutuo per costruire una casa, ma poi non fu in grado di pagarlo. Gli interessi si accumularono a tal punto che perfino se avesse venduto la casa, non sarebbe stato in grado di ripagare il debito. Se con lungimiranza avesse pensato a come ripagare il mutuo prima di accenderlo, avrebbe potuto evitare questa situazione penosa. È quindi necessario distinguere tra il necessario e il superfluo.

Provare costantemente paura fa più male che bene. La paura può paralizzare la nostra mente e impedirci di agire. Due bambini stavano nuotando in piscina, in una parte della vasca dove l'acqua era bassa, profonda una sessantina di centimetri. Essendo entrambi alti un metro e venti, non c'era pericolo che potessero annegare. La madre di uno dei bambini era sul bordo della vasca. Ciò nonostante, dopo due minuti dal loro ingresso in acqua, un bimbo cominciò ad agitarsi e ad andare a fondo. Si mise a urlare chiedendo aiuto. Vedendolo, la madre del suo compagno lo aiutò a risalire a galla e gli disse: "Guarda, il tuo amico sta nuotando senza nessun timore. Perché ti sei fatto prendere dal panico?".

Il piccolo rispose: "Mi è venuta paura quando ho pensato che nessuno avrebbe potuto salvarmi se avessi iniziato ad andare a fondo. Le gambe hanno ceduto, la testa ha cominciato a girarmi e poi ho perso il controllo".

La donna chiese a suo figlio: "E tu, perché non hai avuto paura?".

"Tu eri vicina e sapevo che, se avessi cominciato ad affogare, mi avresti tirato fuori dall'acqua. Ecco perché non avevo paura". La fede nella madre gli aveva dato sicurezza e risvegliato le sue capacità innate. In tal modo, nuotare era diventata un'esperienza gioiosa per lui.

Il frutto dell'avere fede in Dio è simile: dobbiamo confidare che l'Onnipotente vegli sempre su di noi e che verrà in nostro aiuto se siamo in pericolo. Questa fede ci infonderà la forza di affrontare la vita con coraggio. Quando la fede è unita al discernimento, non c'è posto per la paura.

79. Paura e amore

Figli, nella vita la paura è l'ostacolo principale che si frappone tra noi e il successo, derubandoci della capacità di sfruttare a nostro vantaggio i nostri punti di forza e i nostri talenti. Tuttavia, in noi esiste un potere speciale che ci può aiutare a vincere la paura: l'amore. L'amore ci dà la forza di allontanare ogni ostacolo e di andare avanti.

Una vedova che viveva in un villaggio si guadagnava da vivere vendendo il suo latte nella fortezza del re arroccata su una montagna. Un giorno, dopo averlo venduto, si accorse che avevano già chiuso le porte della fortezza. Tra le lacrime si mise a pregare le guardie dicendo: "Mio figlio è a casa da solo. Si sta facendo sera e, se non arrivo a casa presto, avrà paura e comincerà a piangere. Se gli accadesse qualcosa, non potrei continuare a vivere. Vi prego, abbiate pietà di me e lasciatemi uscire".

Le guardie rifiutarono categoricamente. In preda all'angoscia, la donna cominciò a cercare un'altra via di uscita.

Quando l'indomani furono aperti i cancelli della fortezza, le guardie videro questa donna che stava aspettando di entrare. Allibite, non riuscivano a comprendere come avesse potuto uscire e decisero di portarla dal re.

Il sovrano le chiese come fosse riuscita a uscire e la donna descrisse dettagliatamente ciò che aveva fatto. A questo punto il re andò con lei a vedere il punto da dove era uscita. Nelle mura c'era una piccola breccia, ma anche alla luce del giorno sembrava impossibile scendere da quella rupe. “Mentre scendevi dalla montagna al buio non hai avuto paura?”, le chiese il re.

La donna rispose: “Ieri sera avevo un solo pensiero nella mente: raggiungere mio figlio in qualche modo. Sapevo che si sarebbe allarmato non vedendomi. Mi sono dimenticata di me stessa. Non c’era spazio per la paura nel mio cuore”.

Né il pericolo né gli ostacoli scoraggiarono la donna. Il suo amore per il figlio le diede la forza di superare ogni difficoltà.

Quando coltiviamo un ideale o un obiettivo nobile, nessun ostacolo potrà fermarci se l’amore riempie il nostro cuore. Persino la paura della morte non ci spaventerà. L’amore infonde la forza di affrontare ogni pericolo.

80. Karma yōga

Figli, nel mondo tutti sono di solito immersi nell'azione. Ognuno agisce aspettandosi i benefici che ne derivano. Se otteniamo ciò che desideriamo, siamo felici. In caso contrario, ci rattristiamo. Quando le aspettative per un particolare risultato diventano eccessive, perdiamo la serenità mentale. L'ansia che si prova aspettando il risultato agita la mente sia durante l'azione che alla fine. Il *karma yōga* è lo strumento per trasformare il *karma* (azione), che crea un legame, in *karma yōga*, che porta alla realizzazione del Sé.

Capita a volte di non ottenere ciò che speravamo, anche se ci siamo impegnati a fondo. Immaginate un contadino che abbia lavorato duramente nei campi. Quando però arriva la stagione del raccolto, forti piogge distruggono tutte le coltivazioni. Questo esempio ci fa capire come il risultato delle nostre azioni non dipenda unicamente dai nostri sforzi. Ecco perché, nella *Bhagavad Gītā*, il Signore Kṛiṣhṇa dà tanta importanza al *niṣhkāma karma*, all'azione disinteressata.

Se non ci si libera dall'attaccamento non si avrà mai successo nel campo dell'azione. Il nostro attaccamento verso alcune persone e alcuni oggetti ci impedisce spesso di adempiere ai nostri doveri. Vi sono molti esempi che lo provano: il chirurgo più bravo non avrà il coraggio di operare la moglie o il figlio, un giudice equanime potrebbe esitare nell'emettere il verdetto sul proprio figlio, il principale imputato di un omicidio. Questi casi ci mostrano quanto l'attaccamento alle persone possa influire notevolmente sulla nostra efficienza.

In realtà, non è il *karma* che ci lega, bensì il nostro orgoglio nel compiere un'azione (*karma*) e il desiderio dei suoi frutti. Il *karma yōga* è il mezzo che ci permette di svolgere il nostro lavoro con grande efficienza senza essere al tempo stesso legati all'azione.

Amma ricorda una storia. Un uomo si rimpinzò di ghi (burro chiarificato) ad una festa ed ebbe un'indigestione. Incapace di sopportare il mal di stomaco, si recò da un medico. "Mi porti un litro di ghi con cui preparare un rimedio per lei", gli disse il medico.

Perplesso, l'uomo esclamò: "Dottore, la mia indigestione è dovuta all'avere mangiato troppo ghi e adesso vuole aggravare la mia condizione facendomene prendere dell'altro?".

Il medico insistette e il paziente gli portò con riluttanza un litro di ghi. Il dottore vi aggiunse alcune erbe e poi indicò al paziente il dosaggio da assumere. L'uomo guarì.

Allo stesso modo, agire sbadatamente o con un atteggiamento sbagliato rende la nostra vita infelice. Tuttavia, la soluzione sta sempre nell'agire, ma senza ego né attaccamento. Il *karma* non è dannoso se compiuto con l'intenzione di portare beneficio al mondo.

Il *karma yōgī* è consapevole che il risultato dell'azione non è nelle sue mani e che lui è un semplice strumento nelle mani di Dio. Pertanto, svolge prontamente ogni azione con la massima sincerità e ne accetta il risultato, qualunque esso sia, vedendolo come la volontà di Dio. Non diventa ansioso per i frutti delle sue azioni.

Il *karma yōga* è il modo più concreto per svolgere un lavoro ed è la via che ci conduce all'obiettivo supremo: la liberazione spirituale. Possano i miei figli avere la forza di procedere su questo sentiero.

81. Giovani e alcol

Figli, la dipendenza da bevande alcoliche è uno dei più grandi tranelli in cui cadono i giovani d'oggi. I genitori mandano i propri figli a scuola nella speranza che avranno successo nella vita, ma questi possono cadere vittima di cattive compagnie e diventare schiavi di brutte abitudini. Invece di diventare un sostegno e un conforto per i genitori e un orgoglio per la nazione, distruggono se stessi e fanno del male agli altri.

L'idea che tali sostanze diano felicità è una frottola. Cercare di trovare la felicità negli oggetti esterni è come attizzare il fuoco soffiando su una lucciola!

In un villaggio viveva un ragazzo molto studioso che non aveva cattive abitudini e non sprecava denaro. Se i genitori gli davano la paghetta, la dava agli studenti poveri in modo che potessero pagarsi la retta scolastica, oppure comprava loro i libri di testo e le uniformi scolastiche. Era ammirato da tutti.

Un giorno, alcuni compagni di classe lo costrinsero ad andare al cinema con loro. Mentre tornavano a casa, si accesero una sigaretta e gliene offrirono una. Quando il ragazzo rifiutò, gli chiesero di provare a fumare. Solo una, dissero. Quando finì di fumarla, lo invitarono a prenderne un'altra. Il giovane pensò che non ci fosse nulla di male nel fumare una o due sigarette.

Un'altra volta, cedendo alle loro insistenze, bevve della birra. Ben presto, fumare, bere e assumere stupefacenti divenne un'abitudine. Iniziò a chiedere denaro ai genitori per mantenere questo stile di vita. Quel ragazzo che era solito toccare i piedi dei genitori con reverenza ogni mattino prima di andare a scuola, perse il rispetto nei loro confronti. Cominciò a litigare con loro ogni giorno per il denaro, ma i soldi che riceveva non gli bastavano mai. Alla fine, iniziò a rubare e a estorcere denaro.

Un giorno, mentre era sotto effetto di droghe, aggredì un uomo che morì in seguito all'aggressione. Il ragazzo fu arrestato e messo in prigione. Il giovane che un tempo era stato il beniamino del villaggio, degli insegnanti e dei compagni di classe finì per diventare un ladro, un delinquente e una minaccia per la società, un ragazzo detestato da tutti.

L'amicizia è come un ascensore: può elevarci a un piano superiore o abbassarci a uno inferiore. Dipende dal tasto che premiamo. Allo stesso modo, le buone compagnie ci aiutano a procedere verso un futuro luminoso, mentre le cattive compagnie ci conducono su una brutta strada e alla rovina. Quando vediamo una pozzanghera sul nostro cammino, la evitiamo accuratamente. Allo stesso modo, se persone poco raccomandabili cercano di stringere amicizia con noi, agiamo dunque con saggezza ed evitiamole.

82. Corruzione

Figli, ci sono sempre più persone religiose nel nostro Paese e gente che frequenta i luoghi sacri. Eppure, la corruzione e il declino dei valori sono sempre più evidenti. Vi è un aumento anche degli episodi di violenza sessuale contro le donne e degli atti di violenza in generale. Alcuni si chiedono come si spieghi tale contraddizione.

La corruzione esiste in una forma o nell'altra, non solo in India, ma in tutto il mondo. Differisce solo il grado. Le persone credono in Dio, ma hanno una conoscenza limitata dei princìpi spirituali. La loro coscienza religiosa si limita a pregare affinché i loro desideri siano esauditi e a celebrare rituali e festività. La visione che prevale oggi è quella che considera come scopo della vita fare più soldi possibili per godere degli agi materiali. Così, sebbene il numero di credenti sia in aumento, non vediamo un'analoga crescita dei frutti della devozione nella società. Non possiamo però affermare che credere in Dio non abbia portato nessun cambiamento nella società. È per merito della fede che il *dharma* è ancora presente nel mondo.

Non serve continuare a parlare del degrado a cui siamo giunti. Prima di biasimare gli altri, facciamoci un esame di coscienza, guardiamoci dentro, riconosciamo i nostri difetti e cerchiamo di correggerli sinceramente.

Un povero contadino vendeva il suo burro al proprietario di una panetteria vicina. Dopo un po', il panettiere cominciò a sospettare che il contadino gli desse meno burro del dovuto. Così si mise a pesarlo e scoprì che c'era una differenza significativa. Denunciò il poveruomo, accusandolo di truffa. Il giudice chiese al contadino di portare la sua bilancia. Con tutta sincerità, questi disse al giudice: "Vostro onore, non possiedo una bilancia e non ho un altro modo per pesare le cose. Io compro il pane dalla sua panetteria e gli do la quantità di burro che corrisponde al peso del pane. Se la quantità di burro è minore, la colpa è del panettiere".

Non dobbiamo aspettare che gli altri migliorino prima di cercare di migliorare noi stessi. Siamo noi, innanzitutto, a dover cambiare. Ognuno di noi deve diventare un modello di riferimento per gli altri perché, consapevolmente o inconsapevolmente, qualcuno seguirà il nostro esempio.

I concetti di bene e di male si imparano in famiglia. I genitori devono diventare un modello di riferimento per i propri figli. Le case e le scuole devono creare un ambiente che favorisca l'assimilazione dei valori. In tal modo potremo eliminare, almeno in parte, la corruzione presente in tutti i campi della vita. Così, almeno le generazioni future potranno essere libere dalla morsa della corruzione.

83. I giovani

Figli, la giovinezza è la fase più dinamica della vita. I giovani hanno energia ed entusiasmo, desiderano impegnarsi in molte attività e fare grandi cose.

Di solito la giovinezza è anche il tempo in cui si è imbevuti di idealismo. L'unico problema è che, talvolta, le azioni impulsive dei giovani rivelano impazienza e immaturità. I giovani hanno la conoscenza, ma non hanno consapevolezza. Pertanto, finché manca il discernimento, la conoscenza è imperfetta come un fiore non profumato o una parola vuota. La vera trasformazione accade quando la conoscenza è unita alla consapevolezza.

Se si impartiscono una conoscenza e una direzione appropriate ai giovani e se le loro energie vengono imbrigliate adeguatamente, la società può realizzare grandi cose con il loro contributo. Swāmī Vivēkānanda è una figura importante che, avendo compreso il potenziale dei giovani, aveva cercato di indirizzare la loro energia nella giusta direzione. Non sorprende che, essendo riuscito a coniugare la saggezza, il coraggio, gli ideali e lo zelo con il fare del bene alla società, lo *swāmi* sia diventato un modello di riferimento per i giovani.

La pigrizia, la mancanza di autostima e la paura di fallire ostacolano il nostro progresso. Con una forza di volontà ferrea, la giusta conoscenza e gli sforzi assidui, possiamo vincere queste cattive qualità. I giovani devono rendersi conto che l'età adulta li aspetta in un futuro non molto lontano e che si devono impegnare a fondo per realizzarsi nella vita mentre sono giovani e in buona salute.

I ragazzi hanno forza e vitalità. Se riescono ad incanalare la loro energia nella giusta direzione, possono creare meraviglie. Se i giovani cambiano, il mondo cambia. Se vogliamo sfruttare il loro potenziale per trasformare la società, dobbiamo innanzitutto incoraggiare in loro *lakṣhya-bōdha*, la capacità di focalizzarsi sullo scopo. I loro obiettivi non dovrebbero limitarsi unicamente a trovare un buon lavoro e a vivere confortevolmente. Non basta catturare i pesci sulla superficie dell'oceano. Per raccogliere le preziose perle, dobbiamo immergerci nell'oceano della vita.

I giovani devono poter trasformare creativamente la società, sentirsi soddisfatti della loro vita ed avere sia una conoscenza materiale che una prospettiva spirituale. I loro cuori devono comprendere chi soffre intorno a loro. Inoltre, è necessario che acquisiscano la forza spirituale per affrontare le sfide della vita con coraggio e procedere senza perdersi d'animo.

Le grandi imprese sono possibili solo attraverso il sacrificio. Pertanto, devono essere preparati a vivere difficoltà e sacrifici. Bisogna che sviluppino il coraggio di riconoscere ciò che è bene ovunque si manifesti, che lo assimilino, ed evitino ciò che è male.

La cultura del nostro Paese ci può aiutare in tal senso, avendo dato vita a molti modelli di riferimento come Vivēkānanda. I nostri saggi hanno impartito la conoscenza che aiuta a superare il dolore. È sufficiente rivolgere l'attenzione dei giovani verso questa ricchezza inestimabile.

Quando la conoscenza e il discernimento convergono, le capacità interiori di ognuno sono potenziate ed è possibile trovare amore, pace, felicità e successo nella vita.

84. Riconoscenza

Figli, la gratitudine è una delle nobili qualità che un essere umano deve possedere. Dietro ogni nostra vittoria ci sono l'incoraggiamento, l'aiuto e la guida di molte persone. Dobbiamo essere grati a tutti loro. Poiché è la grazia di Dio che rende fruttuoso ogni sforzo, dobbiamo anche essere grati a Lui. Possiamo anche imparare molte lezioni dalle esperienze amare della vita, che ci aiutano a purificarci e a diventare più forti. Proviamo quindi riconoscenza anche verso la vita stessa.

Un mendicante trovò sul ciglio della strada una borsa abbandonata piena di vecchie monete d'oro. Andò al palazzo del re e consegnò la borsa al sovrano. Con grande gioia, questi scoprì che erano delle monete preziose che aveva perso molti anni prima. Compiaciuto dell'onestà del mendicante, lo nominò ministro del tesoro reale. Ma gli altri ministri non approvarono questa scelta.

Dopo qualche giorno, i ministri informarono il re che molti oggetti del tesoro erano scomparsi e accusarono il nuovo ministro di essere il responsabile della loro sparizione. Ogni giorno, il nuovo ministro entrava e usciva dalla reggia con un fagotto in mano. I ministri dissero che vi metteva gli oggetti rubati per portarli a casa. Il re trovò difficile credere all'accusa e decise di verificare di persona.

Il giorno seguente si nascose nella stanza del tesoro. Come al solito, il ministro arrivò, aprì il fagotto ed estrasse alcuni vecchi stracci: erano gli abiti che indossava quando era un mendicante. Dopo averli indossati, si mise davanti allo specchio e disse a se stesso: "Per grazia di Dio sei diventato un ministro. Sii sempre grato per questo. Potresti perdere tutto questo potere e prestigio domani. Il cambiamento fa parte della natura di questo mondo, quindi dai il benvenuto a tutte le esperienze che ti porta la vita. Sii grato alla vita".

Colpito dalle sue parole, il re si fece avanti e lo abbracciò affettuosamente. Non essendoci un erede al trono, dichiarò il ministro suo successore.

Come il ministro della storia, anche noi dobbiamo avere sempre un cuore colmo di gratitudine, non insuperbirci per i nostri successi, piccoli o grandi che siano, ma essere grati a chi ci ha guidato, alle circostanze che hanno favorito il successo e, soprattutto, a Dio. La contentezza e la gratitudine dovrebbero essere segni che contraddistinguono la nostra vita.

85. Scienza e spiritualità

Figli, sia la scienza che la spiritualità sono impegnate a scoprire la verità che si cela dietro l'universo; la scienza lo fa attraverso un'indagine esteriore, la spiritualità attraverso una ricerca interiore. La scienza vede l'oggetto dell'indagine come separato da chi investiga. Noi percepiamo questo mondo mediante gli organi di senso, la mente e l'intelletto, e siamo incapaci di acquisire la conoscenza degli oggetti senza ricorrere a questi tre strumenti.

Una formica non vede un elefante come lo vede un essere umano. Poiché la sua vista è diversa dalla nostra, non potrà mai vedere la vera forma dell'elefante. Analogamente, una blatta vede l'elefante in un altro modo. Possiamo quindi dedurre che la nostra idea dell'universo è condizionata dai nostri organi di senso, dalla nostra mente e dal nostro intelletto limitati, che ci impediscono di acquisire una visione accurata delle cose.

L'universo che ci circonda è costantemente in evoluzione. Il seme piantato nel terreno diventerà un albero, che nel corso del tempo morirà. Quando un vaso d'argilla viene distrutto, ritorna ad essere argilla. In verità, nulla viene distrutto: ciò che cambia costantemente sono gli attributi. In tutti questi mutamenti c'è qualcosa che rimane immutato: il substrato, la pura consapevolezza priva di attributi.

Tutte le scoperte e le teorie scientifiche sono basate su una conoscenza strettamente legata al tempo in cui vengono effettuate. Pertanto, i postulati di oggi potrebbero dimostrarsi errati domani. Oggi scopriamo un nuovo farmaco ed in seguito potremmo scoprire che provoca effetti collaterali indesiderati. Finché non verrà ritirato dal commercio, diverse persone potrebbero morire dopo averlo assunto.

Da questo punto di vista, la storia della scienza è una serie continua di esperimenti, errori e nuove scoperte. Per quante scoperte faccia la scienza, ci sarà sempre qualcosa di nuovo da scoprire. Potremmo paragonarla a due avvocati che discutono in assenza del giudice: le loro argomentazioni non avranno mai fine. Nella ricerca della verità dell'universo, la spiritualità svolge invece il ruolo del giudice, e la conclusione avrà un lieto fine: il substrato dell'universo è pura coscienza e non esiste nulla che non sia coscienza. Quando si realizza che l'universo è la manifestazione di questa coscienza, la ricerca della Verità termina.

86. Vedere Dio in tutto

Figli, molte persone si chiedono se le usanze e le forme tradizionali di culto praticate in India non siano primitive. Di primo acchito potremmo avere questa impressione, ma se capiamo e assimiliamo i princìpi e gli ideali che le sottendono vediamo che in effetti hanno un senso e sono positive. Altrimenti sarebbero semplici rituali privi di significato.

La coscienza divina anima tutto ciò che esiste in natura. Dio è l'essenza di tutti gli esseri, mobili ed immobili, e la natura è una Sua manifestazione. Gli antichi saggi avevano realizzato la Verità e scorgevano la coscienza divina in tutto. Pertanto, venerare uccelli, animali, alberi, montagne, fiumi e foreste divenne parte della cultura del nostro Paese. Non c'è nulla nell'universo che non sia degno di essere venerato perché Dio dimora in ogni cosa. Adorare tutto come una Sua manifestazione, senza alcuna distinzione tra superiore o inferiore, è un modo semplice per fare l'esperienza della natura onnipervadente di Dio.

Se Dio è perfetto e completo, allora anche la Sua creazione è perfetta e completa. Se usiamo la fiamma di una lampada per accendere migliaia di lampade, queste ultime brilleranno come la prima. Ce ne sarà forse qualcuna imperfetta o incompleta? In questo universo pervaso da Dio non esiste nulla che possiamo considerare spregevole o ignobile. Detto questo, abbiamo bisogno di occhi in grado di percepire tale perfezione.

Tutti gli esseri in natura sono interconnessi e quando tutti quanti coesistono armoniosamente, la vita si riempie di gioia.

L'uomo può vivere solo perché esistono la flora e la fauna. Se non ci fossero, non esisterebbe né il genere umano né una cultura umana. Tutte le creature mantengono l'equilibrio in natura; solo l'essere umano lo disturba. A causa del suo egoismo e del suo sfrenato desiderio di piaceri, l'uomo danneggia ogni cosa in natura e arriva persino ad uccidere i propri simili. L'essere umano è l'unica nota stonata nella melodia della natura.

Avendo compreso come ogni creatura riveste un ruolo importante nel mantenere l'equilibrio dell'ambiente, i nostri antenati idearono metodi pratici per proteggere gli uccelli, i serpenti, gli alberi e i boschetti. Le tradizioni e i rituali che lasciarono in eredità avevano anche lo scopo di preservare questo equilibrio e nessuna delle loro pratiche ha mai inquinato la natura. Anzi, seppero creare una cultura che proteggeva e considerava la natura come madre ed esortava ad amare e servire tutti.

In effetti, cosa c'è di sbagliato nel venerare gli animali? Da numerosi punti di vista, sono molto più evoluti dell'essere umano. Molti di loro possiedono vista, udito e odorato più efficienti dei nostri. Gli uccelli e gli animali percepiscono i disastri naturali prima dell'uomo e quindi si dirigono verso luoghi più sicuri. L'uomo può apprendere lezioni di unità e tenacia dalle formiche. Come potremmo trattare le creature, gli alberi, le montagne e le foreste che contribuiscono alla nostra vita se non con rispetto e reverenza?

I nostri antenati toccavano con reverenza la terra quando si svegliavano. Dobbiamo imparare ad inchinarci davanti ad ogni oggetto che usiamo. Saper vedere tutti gli esseri viventi come una manifestazione di Dio allarga il nostro cuore e ci fa provare amore verso tutto e tutti. Aprendo le porte dei nostri cuori al regno vegetale e animale, ci verrà spontaneo inchinarci persino davanti a una formica e avvertiremo la coscienza divina presente in ogni cosa. La più grande pratica spirituale è vedere Dio in tutto e tutti; ed è anche la realizzazione suprema.

87. Vasudhaiva Kuṭumbakam: il mondo è una famiglia

Figli, il mondo può sopravvivere solo grazie all'amore e alla compassione. Sebbene vi siano molti episodi di rabbia, odio ed egoismo nella società odierna, in alcuni angoli sorgono anche ondate d'amore, di compassione e di altruismo. Sono le vibrazioni della compassione che mantengono l'equilibrio nel mondo.

Numerose specie di uccelli e di animali sono sull'orlo dell'estinzione. Malgrado questa sia una questione grave, ignoriamo l'esistenza di un problema ancora più serio: il rischio di estinzione delle persone compassionevoli. Se è pur vero che non si sono ancora estinti, i cuori capaci d'intenerirsi stanno rapidamente scomparendo. Dobbiamo svegliarci e pensare alle conseguenze. Molti di noi sono orgogliosi dei progressi intellettuali compiuti, inconsapevoli dell'inaridimento dei loro cuori.

Gli studenti di una scuola per disabili mentali stavano mettendo in scena uno spettacolo. In una scena, un mendicante cercava riparo dal freddo glaciale della notte. Quando bussò a una villa, i suoi abitanti lo sgridarono e lo cacciarono. Sentendosi ferito, l'uomo se ne andò. Vedendolo, uno studente che assisteva allo spettacolo si commosse, salì sul palco e disse: "Non essere triste, vieni con me. Nella mia stanza c'è posto per un'altra persona". A quelle parole innocenti, il pubblico cominciò ad applaudire e molti occhi si riempirono di lacrime. Quanti di noi, così fieri della loro intelligenza, hanno la compassione di questo ragazzo disabile?

La società odierna è intrappolata nel ciclo dell'egoismo e dell'avidità. L'amore e la compassione non devono restare confinati nella famiglia o tra gli amici. Amare è vedere se stessi negli altri. Quando il senso dell'io scompare, l'amore diventa compassione. Quando pensiamo in termini di "la mia casa" o "la mia gente", escludiamo gli altri. Per contro, se pensassimo a noi stessi come fossimo un tutt'uno con gli altri, come perle sul filo della vita, ogni persona diventerebbe una di noi.

Quando l'amore trabocca e si riversa su tutti gli esseri dell'universo, il mondo intero diventa una famiglia. Questo è ciò che i nostri antenati intendevano quando dicevano *vasudhaiva kuṭumbakam.*

88. La pace universale

Figli, oggi le persone sono scontente e inquiete e la loro mente è sospettosa e piena di paure. Se ne avessero l'opportunità, i popoli e le nazioni si calpesterebbero e si distruggerebbero a vicenda. L'egoismo ha trasformato la vita in un campo di battaglia: questo è il mondo in cui viviamo.

Questo non vuol dire che la bontà sia completamente scomparsa: c'è molta gente che fa del bene. Ciò nonostante, il male dilaga e la bontà non sta fiorendo a sufficienza per frenarne la crescita.

Dopo molti anni, un ricco incontrò un vecchio amico. "Andiamo a sederci per un po' nel parco qui vicino", gli disse. Mentre camminavano, il ricco esclamò: "Abbiamo giocato e siamo cresciuti insieme. Abbiamo studiato nella stessa scuola, ma ora tra di noi c'è un'enorme differenza".

L'amico non disse nulla. Dopo un po', l'uomo ricco si fermò improvvisamente, raccolse una moneta da cinque rupie da terra e disse: "Ti era caduta dalla tasca". Ripresero a camminare. A un tratto l'amico si fermò e si avvicinò a un cespuglio di rovi lì vicino. Una farfalla era rimasta intrappolata nei rovi e stava sbattendo le ali, disperata. Lentamente e con cura, l'uomo la liberò e la osservò volare via felice nel cielo. Nel vederlo, il ricco gli chiese: "Come ha fatto quella farfalla a catturare la tua attenzione?".

L'amico rispose: "Come hai detto tu, c'è un'enorme differenza tra di noi: tu senti il tintinnio delle monete, mentre io sento il battito del cuore".

Com'erano diversi i loro atteggiamenti! I nostri pensieri e le nostre azioni determinano il nostro *samskāra* (indole) e la nostra personalità. Bisognerebbe educare tutti, sin da piccoli, alla bontà che nasce dall'amore e dalla cooperazione e sensibilizzarli sui disastri provocati dall'odio e dal conflitto.

Dobbiamo sforzarci di comprendere i sentimenti degli altri ed agire di conseguenza. Ogni nazione deve diventare gli occhi, le orecchie, la voce, il cuore, la mente e il corpo delle altre. Solo allora sarà possibile capire i dolori e le difficoltà degli altri Paesi e rispondere in modo appropriato. Sarà allora che il mondo potrà crescere come un tutt'uno. Solo grazie a questa crescita potranno regnare l'eguaglianza, la gentilezza e la pace.

Il cammino verso la pace

Figli, Amma prova tristezza quando osserva lo stato in cui si trova il mondo d'oggi. Ovunque vediamo immagini di massacri e di gente in lacrime. Non mostriamo pietà nemmeno per i bambini piccoli. Quanta gente innocente muore ogni giorno a causa delle guerre e degli attacchi terroristici in varie parti della Terra? Anche in passato scoppiavano guerre, ma a quel tempo le persone osservavano le convenzioni di guerra come non attaccare chi è disarmato e non combattere dopo il tramonto. Oggi, invece, ogni atrocità o ingiustizia è considerata accettabile. Il mondo è governato dall'egoismo e dall'egocentrismo.

La causa prima di ogni forma di distruzione è l'ego. La distruzione peggiore è prodotta da due tipi di ego: quello del potere e del denaro e quello che afferma: "Solo la mia visione delle cose è vera. Non tollererò altri punti di vista". Finché non ci liberiamo da questi due tipi di ego non potremo sperimentare la pace nella vita.

Tutti i punti di vista sono importanti. Dobbiamo rispettare la prospettiva di ogni persona e cercare di prenderla in considerazione. Se lo facciamo, potremo porre fine a queste guerre e a questi massacri privi di senso.

Per capire e rispettare il punto di vista degli altri, è necessario risvegliare l'amore dentro di noi. Molte persone sono interessate ad apprendere lingue nuove, ma solo la lingua dell'amore ci può aiutare ad acquisire una vera comprensione reciproca. Abbiamo completamente dimenticato questa lingua.

Amma ricorda un fatto: alcuni volontari di un'organizzazione umanitaria andarono da un abbiente uomo d'affari per raccogliere fondi per le loro attività caritatevoli. Gli parlarono a lungo della triste situazione in cui si trovavano le persone che cercavano di aiutare. La loro descrizione avrebbe sciolto il cuore di chiunque, ma l'uomo d'affari non era interessato ad ascoltarli. Mentre i volontari delusi si stavano alzando per andare via, l'uomo disse: "Aspettate. Permettetemi di farvi una domanda. Se rispondete correttamente vi aiuterò. Io ho un occhio artificiale: mi sapete dire qual è?".

I volontari guardarono con attenzione i suoi occhi e uno di loro disse: "L'occhio sinistro è quello artificiale".

"Fantastico! Finora nessuno era stato in grado di individuare l'occhio artificiale che, tra l'altro, è molto costoso. Come ci è riuscito?".

Il volontario rispose: "Ho guardato profondamente nei suoi occhi e ho visto briciole di compassione nell'occhio sinistro, mentre il destro mostrava la durezza di una pietra. Ecco perché sono sicuro che il suo occhio vero sia il destro!".

Questo uomo d'affari è il simbolo del nostro tempo. Le fiamme dell'egoismo divampano nelle nostre teste e il ghiaccio dell'egocentrismo congela i nostri cuori. Dovrebbe essere il contrario: l'amore e la compassione dovrebbero riscaldare i nostri cuori e una crescente saggezza dovrebbe rinfrescare la nostra testa.

L'amore e la compassione sono la nostra più grande ricchezza. Eppure, l'abbiamo persa. Né noi né il mondo potremo sopravvivere se non facciamo nuovamente brillare la luce della tenerezza nei nostri occhi. Dobbiamo risvegliare la tenerezza dentro di noi.

La pace e la contentezza

Figli, molte organizzazioni e individui lavorano incessantemente per la pace e la felicità nel mondo. Ciò nonostante, la bontà non è abbastanza forte per opporsi alla proliferazione del male. Abbiamo dimenticato l'amore, il rispetto e la fiducia che gli esseri umani dovrebbero mostrare l'un l'altro. Ognuno pensa solo a soddisfare i propri desideri ad ogni costo.

Spendiamo milioni di euro per la sicurezza nazionale e combattiamo guerre, sacrificando innumerevoli vite. Se destinassimo almeno una piccola parte di questo denaro e dei nostri sforzi a promuovere la pace nel mondo, potremmo preservare la pace e l'armonia.

Abbiamo dimenticato la verità basilare che la mente umana è la causa di tutti i problemi e che il mondo migliorerà solo se la natura della mente diverrà migliore. La religione e la spiritualità aiutano a trasformare la collera in compassione, l'odio in amore e la gelosia in solidarietà. La società è composta da individui. È il conflitto presente nella mente umana che porta alla guerra. Quando l'individuo cambia, anche la società cambia automaticamente. Invece di covare la vendetta e l'odio, promuoviamo l'amore e la pace nella mente. Dobbiamo solo sforzarci di farlo.

Non è il momento di creare un cambiamento, creiamo invece cuori compassionevoli e nutriamoli; scegliamolo come il nostro principale obiettivo.

Cerchiamo di coltivare un cuore che perdoni e dimentichi, dando così al mondo una nuova prospettiva di vita. Non ha senso scavare nel passato: non aiuterà il mondo né i suoi abitanti.

Abbandonando la strada dell'inimicizia e della vendetta, facciamo una valutazione imparziale sulla condizione odierna del mondo. Solo allora potremo trovare la strada verso il progresso.

Questa è l'era dell'unità. Raggiungeremo i nostri obiettivi solo se lavoreremo insieme. Ciò di cui ha bisogno il mondo oggi sono persone che parlino e agiscano nobilmente. Con tali modelli di riferimento capaci di ispirare gli altri, le tenebre che avvolgono la società verranno disperse dalla luce della pace e dell'armonia. Lavoriamo insieme affinché ciò si realizzi.

Possa l'albero della nostra vita essere fermamente radicato nel terreno dell'amore. Possano le buone azioni essere le sue foglie, le parole gentili i suoi fiori e la pace i suoi frutti. Possa il mondo diventare una famiglia unita nell'amore. Possiamo noi diventare gli orgogliosi detentori di un mondo in cui regna la luce della pace e della contentezza.

Il mondo è un fiore

Oggi il mondo è come un bucero[14] assetato della pura acqua piovana dell'amore e della pace. Scontri, attacchi terroristici e guerre avvengono quotidianamente in un luogo o nell'altro. Persino in questo momento, vengono sacrificate innumerevoli vite.

Per fermare questo insensato sacrificio umano, dobbiamo comprenderne le cause. Per sventare gli attacchi terroristici sono state messe in atto misure di sicurezza negli aeroporti e in altri luoghi e questi rigidi controlli di sicurezza sono diventati obbligatori. Sebbene sia una buona cosa, non è una soluzione permanente. Esiste un esplosivo che nessun dispositivo riesce a individuare e che è ancora più mortale di una bomba. Si tratta dell'odio e dell'inimicizia nella mente umana.

---

[14] Secondo la mitologia indiana, il bucero beve solo le gocce di pioggia e rifiuta ogni altro tipo di acqua.

Amma ricorda una storia. Il capo di un villaggio stava celebrando il suo centesimo compleanno. Un giornalista gli chiese: “Nei suoi cent’anni, qual è il risultato di cui è più orgoglioso?”.

“Anche se ho vissuto cento anni, non ho un singolo nemico!”, rispose l’uomo.

“Che meraviglia!”, esclamò il giornalista, “Tutti dovrebbero seguire il suo esempio. Mi dica, come ci è riuscito?”.

Il capo del villaggio replicò: “Beh, non ho lasciato in vita nessuno dei miei nemici!”.

Ecco come molti si liberano dei loro nemici. Esiste però un altro modo per distruggerli: trasformarli in amici, aprendo il cuore ed esprimendo amore verso di loro. Farlo, produrrà indubbiamente un cambiamento nel cuore del nemico. Senza questa pazienza e quest’amore sarà difficile portare la pace e l’armonia nella società.

L’odio, la rivalità e il conflitto sono la natura del mondo. Qualcuno potrebbe affermare che non è possibile cambiarla. Non è vero: l’amore e la bontà sono la natura innata dell’essere umano. Pertanto, se ci impegniamo, possiamo sostituire quelle emozioni con l’amore e la compassione.

Dobbiamo accendere la lampada della speranza e del conforto nei cuori delle vittime della guerra e dei conflitti. Dobbiamo essere pronti ad amare con il cuore e a servire con le mani. Quando saremo disposti ad aprire i nostri cuori e a comprendere gli altri, partecipando ai loro dolori, le nostre negatività scompariranno, una dopo l’altra. Gradatamente, vi sarà un miglioramento in noi e nella società e progrediremo.

Immaginate che un caro amico che non vedete da tanto venga a trovarvi. Al colmo della gioia, farete tutti i preparativi necessari per accoglierlo: pulirete e abbellirete la casa, cucinerete un pasto delizioso e lo aspetterete impazienti. Dovremmo essere in grado di accogliere ogni momento della vita con questo atteggiamento. Viviamo dunque ogni istante servendo gli altri con gioia ed entusiasmo e facciamo in modo che ciò produca risultati positivi.

Quando la bontà che è in noi si risveglierà, la società si risveglierà e regneranno la pace e la contentezza. Riusciremo a vedere tutto il mondo come un fiore e ogni sua creatura come un petalo di questo fiore, senza alcuna separazione dovuta alla nazionalità e alla lingua: vedremo la bellezza ovunque e l'unità nella diversità. Il mondo intero diventerà una famiglia.

89. Devozione e vita

Figli, molti di noi ricordano il Signore solo quando devono affrontare dei problemi. La nostra devozione è limitata: preghiamo e facciamo offerte a Dio affinché risolva i nostri problemi e realizzi i nostri desideri. Altrimenti, ci dimentichiamo completamente di Lui. Questa non può essere chiamata devozione. La vera devozione non è un'attività part-time: un devoto ricorda Dio in ogni circostanza.

Diverse persone aspettavano fuori da un negozio per poter entrare e fare compere. Mentre era occupato a impacchettare gli acquisti dei clienti, il proprietario a un tratto si fermò, chiuse gli occhi e pregò a mani giunte. Dopo un po', quando li riaprì, un cliente esclamò, arrabbiato: "Non è giusto! Le sembra il caso di stare lì con gli occhi chiusi quando c'è così tanta gente in coda?".

Il commerciante rispose, pacato: "Non ha sentito le campane del *dīpārādhana*[15] del tempio vicino? Appena le ho sentite suonare, ho chiuso gli occhi per un po' per pregare".

Le persone che stavano fuori dal negozio ribatterono. "Non abbiamo sentito suonare nessuna campana del tempio".

A queste parole, l'uomo non disse nulla e ricominciò a lavorare. Dopo un po', prese una moneta e la gettò in strada. Nessuno se ne accorse, ma tutti sentirono il tintinnio della moneta che cadeva a terra e si voltarono. Alcuni si azzuffarono persino per raccoglierla. Il commerciante commentò: "Vedete, anche quando

---

[15] L'ondeggiare lampade accese, in genere durante una cerimonia di adorazione.

i rintocchi delle campane sono diventati più forti, nessuno di voi li ha uditi, ma non appena avete sentito il lieve tintinnio di una moneta che cadeva a terra, la vostra attenzione si è subito risvegliata".

La mente dei clienti, focalizzata sul denaro e sugli oggetti del mondo, aveva sentito subito il rumore della moneta. Per il proprietario del negozio, invece, Dio era il punto focale della sua vita e anche quando era immerso nel lavoro, la sua attenzione era su di Lui.

Quando ricoverano la persona che ci è più cara, la pensiamo persino mentre lavoriamo in ufficio. Questi pensieri continueranno a fluire come una corrente sotterranea mentre agiamo.

Allo stesso modo, Dio dovrebbe divenire il fulcro della nostra vita. A quel punto, non avrà più importanza cosa staremo facendo. Pur immersi nelle attività, la nostra attenzione sarà rivolta a Dio, che diventerà una presenza costante nella nostra mente. Questa è la vera devozione.

90. La vera conoscenza

Figli, nella vita sono indispensabili tre cose: la conoscenza, la salute e il benessere economico. Molti di noi credono che, se siamo ricchi, abbiamo tutto ciò che ci serve. Ma come ci sentiremmo se perdessimo la salute? Non apprezziamo il valore della salute quando l'abbiamo. La conoscenza è ancora più importante degli altri due fattori. Se abbiamo la salute e stiamo bene economicamente ma manchiamo di conoscenza, pensiamo e agiamo in modo insensato. Farlo, può portare alla nostra rovina.

Immaginate di essere il primo ministro di una nazione. Una parola imprudente basterebbe a farvi perdere il vostro ruolo e far scoppiare nel Paese una rivolta che provocherebbe la morte di migliaia di vite umane. Pertanto, la saggezza è di estrema importanza. Anche se perdiamo la salute e i nostri averi e la vita ci mette a dura prova, possiamo affrontare con serenità le avversità se abbiamo la vera conoscenza.

C'era una volta un re giusto che amava e proteggeva i sudditi come se fossero suoi figli. Le sue virtù lo rendevano caro al suo popolo che lo venerava come se fosse un Dio. La fama di questo sovrano si diffuse ovunque e i re vicini si ingelosirono e si unirono tra loro per tramare contro di lui e distruggerlo. Così, corruppero il ministro di questo re promettendogli fama e potere. Con il suo aiuto, sferrarono un attacco fulmineo e a sorpresa al suo regno e catturarono il re. Senza riservargli alcun trattamento speciale, lo gettarono in una cella comune, assieme agli altri detenuti. Ma anche lì il re mantenne la sua contentezza e non mostrò alcun segno di stress. Vedendolo, i re nemici si avvilirono e gli chiesero: "Anche se hai perso il potere e ogni avere e langui in prigione, non ne sembri turbato. Perché?".

Il re rispose: "Voi potete sconfiggermi in battaglia, imprigionarmi e torturarmi, ma sono io che decido se essere triste o felice. Ho acquisito la conoscenza suprema che rende insignificante persino il dolore più intenso. Io so chi sono e conosco la natura del mondo. Sapendolo, ho completamente sotto controllo la mia mente. Non potete farmi nulla".

Per prima cosa, dobbiamo acquisire la conoscenza del Sé e della natura del mondo. Una volta acquisita, potremo far fronte a ogni circostanza.

91. Śhraddhā

Figli, *śhraddhā* (accortezza) è una qualità fondamentale in ogni campo della vita. Dobbiamo diventare consapevoli di ogni pensiero, parola e azione. Dobbiamo anche essere consci di come camminiamo, ci sediamo e guardiamo.

La maggior parte di noi trascorre tutto il tempo pensando a cosa è già accaduto e a cosa accadrà. Occupata in molte attività e problemi, la mente si disperde e finiamo per non realizzare ciò che vorremmo per scarsa concentrazione. Nella folle corsa per soddisfare i nostri desideri, non riusciamo a portare a termine nulla con cura.

Amma ricorda una storia: i pazienti che giungevano ad occupare un determinato letto in un reparto di terapia intensiva di un ospedale morivano verso le undici di mattina ogni domenica. I medici erano perplessi. Alcuni cominciarono persino a credere che una forza soprannaturale fosse responsabile di questi decessi.

Alla fine, si costituì un gruppo di esperti per analizzare il fenomeno. La domenica successiva, qualche minuto prima delle undici, medici, esperti, infermieri e funzionari dell'ospedale attendevano ansiosi nel corridoio che portava al reparto di terapia intensiva dove si verificavano le morti. Alcuni recitavano il rosario tenendo in mano la corona, altri pregavano. Alle undici in punto, un addetto alle pulizie, che lavorava solo alla domenica, entrò nel reparto, staccò la spina del ventilatore polmonare e inserì quella dell'aspirapolvere nella presa. Il mistero dietro le morti della domenica fu così risolto.

Le azioni compiute senza porre alcuna attenzione sono scorrette (*adharmiche*) e possono provocare sofferenza a noi e agli altri. Non ha senso incolpare Dio delle nostre sofferenze. Sarebbe come guidare con imprudenza, finire per sbattere contro qualcosa e dar la colpa al carburante per l'accaduto.

La cura che mostriamo anche verso le piccole cose ci permette di compierne di grandi. Chi è focalizzato sull'obiettivo lo sarà in ogni suo pensiero e in ogni sua parola e azione.

Dobbiamo sempre stare all'erta, come un soldato su un campo di battaglia o uno studente nell'aula d'esame. Allenarsi a fare ciò che va fatto in ogni momento e con la massima attenzione, trasformerà le nostre azioni in una grande disciplina spirituale. Un lavoro svolto con piena consapevolezza ci porta rapidamente a Dio. Vivere il presente con consapevolezza fa del "domani" il nostro amico migliore.

92. La coscienza morale

Figli, i cittadini onesti conducono una nazione alla prosperità. Se cerchiamo la radice dei problemi che affliggono il nostro Paese (corruzione, povertà, disoccupazione, conflitti e aumento dei casi di suicidio, per citarne solo alcuni) scopriremo che essa si trova nel declino della consapevolezza morale tra le persone.

Seguire il proprio *dharma* (*swadharma* o l'agire in accordo con la propria natura) è il dovere di ogni individuo. I diritti e le responsabilità sono come le ali di un uccello: solo se si muovono insieme si andrà avanti e ci sarà un vero progresso. Se ogni membro della società compie il proprio dovere diligentemente, i suoi diritti saranno naturalmente salvaguardati. Se però le persone si preoccupano solo dei propri diritti, l'ordinamento sociale si sgretola e l'illegalità finirà per aumentare. Pertanto, ogni individuo dev'essere disposto a lavorare non solo per soddisfare le proprie necessità, ma anche per il bene della società.

Alla fine del raccolto, il contadino mette da parte alcuni semi da piantare in futuro. Sa bene che non si tratta di una perdita perché il raccolto successivo sarà ancora più ricco. Se invece consumerà o venderà tutto il raccolto, si ritroverà povero, non potendo coltivare nulla. Allo stesso modo, anche noi dobbiamo essere pronti a sacrificare qualcosa. Invece di spendere tutto il tempo e le energie solo per noi stessi, dedichiamo un po' di tempo a svolgere attività a favore della società e del Paese.

La Grande Muraglia in Cina è una delle meraviglie del mondo. Dopo la sua costruzione, i cinesi pensarono: "Adesso nessun nemico potrà sconfiggerci", ma la Cina fu ben presto attaccata. Con un attacco a sorpresa, i nemici fecero breccia nella muraglia, entrarono nel Paese e ben presto rovesciarono il governo. Come fu possibile? Le guardie della Grande Muraglia si erano fatte corrompere dal nemico e l'avevano fatto entrare.

Il piacere che proviene da atti egoistici e ingiusti è fugace. Tali atti diventano poi, inevitabilmente, causa di sofferenza. Per contro, anche se le azioni altruistiche possono sembrare gravose in un primo momento, alla fine portano un beneficio duraturo. Non dimentichiamo che i piaceri derivanti da azioni ingiuste racchiudono, in seme, il dolore.

In passato, quando i bambini iniziavano la loro educazione, ciò che veniva loro insegnato era conforme al *dharma*, alla giusta condotta. Il *dharma* è il principio che sostenta e governa la relazione tra gli esseri umani e tra l'uomo e la natura. È un modo sano di vedere la vita e l'universo. Non si può procedere nella vita basandosi esclusivamente sui propri sforzi: la nostra crescita dipende dalla crescita degli altri. Il benessere duraturo dell'individuo è possibile solo se aumenta anche il benessere della società.

93. Il potere della gioventù

Figli, guardate lo stato in cui si trova attualmente il nostro Paese, a quanti problemi pressanti deve far fronte: povertà, analfabetismo, disoccupazione, conflitti sociali, nuove malattie, suicidi, corruzione, indolenza e mancanza di obiettivi nelle persone, solo per citarne alcuni.

Viviamo in una società che si preoccupa solo di se stessa. Così è il nostro Paese, oggi. Ogni gruppo sociale non pensa che ai propri interessi: studenti, lavoratori, politici, gruppi religiosi, media o i singoli stati, tutti si preoccupano di proteggere e promuovere solo i loro interessi. Nessuno pensa al bene comune e a quello della nazione.

Tutti noi vogliamo assistere a un grande cambiamento nella società. Da dove dovrebbe iniziare questo cambiamento? Se pensiamo: "Che cambino prima gli altri, le circostanze, che il governo faccia ciò che deve e allora anch'io cambierò", nulla potrà mai cambiare. Il cambiamento deve partire da noi. Se noi cambiamo, possiamo indurre una trasformazione nelle persone con le quali ci relazioniamo. Come le onde che sorgono una dopo l'altra, il cambiamento si diffonderà nella società, gettando le basi per una trasformazione positiva nel Paese.

Amma ricorda una storia. C'era un uomo che pregava il Signore così: "Che il mio Paese possa migliorare. Che tutte le persone diventino sincere, entusiaste e piene di ideali". Ma anche dopo anni di preghiere, l'uomo non vide alcun cambiamento. Quando comprese quanto fosse difficile cambiare l'intero Paese, cominciò a pregare che almeno i membri della sua famiglia diventassero un buon esempio da seguire. Dopo tanti mesi, capì che anche questa preghiera non dava frutti. Alla fine, rivolse questa preghiera: “Signore, Ti prego, alimenta in me nobili qualità. Che io possa vivere con coscienza morale e mi comporti amorevolmente con chiunque”.

Quando terminò questa preghiera, sentì Dio sussurrargli all’orecchio: “Se fossi stato pronto a pregare e a impegnarti così prima, quanti cambiamenti positivi si sarebbero già verificati nel Paese!”.

I giovani sono sempre stati lo strumento attraverso il quale è possibile dare vita a una nuova società. Animati per natura dall’entusiasmo e dall’ammirazione per i nobili ideali, possiedono un’enorme energia che, se indirizzata adeguatamente, li spingerà a contribuire a un grande cambiamento sociale. Tutto quello che dobbiamo fare è ispirarli. Che i giovani possano diventare come fiori che diffondono profumo nel mondo.

94. L'esperienza di Dio

Figli, le persone hanno idee differenti su Dio. Sebbene alcuni neghino l'esistenza di Dio, la maggior parte crede in Lui. La maggioranza dei credenti Lo considera come una forza esterna, separata da loro. In realtà, Dio dimora in tutti gli esseri, animati e inanimati, come l'albero in un seme, il burro nel latte e l'oro in un gioiello.

La divinità è presente in tutto e tutti. Se percorriamo il giusto sentiero, faremo l'esperienza interiore di questa divinità. È possibile trasmettere il gusto del miele o la bellezza della natura con le parole? Si possono conoscere solo attraverso l'esperienza. Allo stesso modo, l'esperienza di Dio non può essere descritta con le parole, percepita con i sensi o colta con la mente.

Un *sanyāsī* (monaco) stava passando vicino a una scuola. Alcuni studenti gli chiesero: "Perché sei vestito così?".

Il *sanyāsī* rispose: "Sono diventato un *sanyāsī* per realizzare Dio".

I ragazzi chiesero: "Qualcuno ha mai visto Dio? Com'è possibile realizzarLo?".

Indicando un albero, il *sanyāsī* disse: "Da dove proviene quell'albero?".

"Dal seme" risposero gli studenti. Ai piedi dell'albero erano sparsi molti frutti. Il monaco ne prese uno e gli diede un morso. Poi guardò dentro il frutto e infine lo buttò via. Prese un altro frutto, gli diede un morso, guardò al suo interno e lo buttò via. Vedendolo, gli studenti gli chiesero: "Cosa stai facendo? Perché dai un morso a questi frutti e poi li getti via?".

Il *sanyāsī* rispose: "Avete detto che questo albero proviene da un seme. Stavo cercando di vedere se l'albero fosse al suo interno".

Nell'udire queste parole, i ragazzi scoppiarono a ridere e dissero: "Com'è possibile che un albero così grande si trovi in un seme così piccolo? Prima devi piantare il seme e poi lo devi annaffiare e concimare regolarmente. Dopo un po', il seme germoglierà, spunterà una piantina che dopo molti anni diventerà un grande albero".

Il *sanyāsī* rispose: "È lo stesso con Dio. Come l'albero nel seme, Dio dimora in ognuno di noi, ma voi non ne avete ancora fatto l'esperienza. Questo non significa che Dio non esista. Se ci lasciamo guidare da chi ha realizzato Dio, sarà possibile realizzarlo".

Dio è un'esperienza. Gli strumenti per giungere a questa esperienza sono, ad esempio, le pratiche spirituali come le preghiere, il *japa* (ripetizione di un mantra) e la meditazione. Quando un fiore è ancora un bocciolo, non sappiamo quanto sarà profumato e bello. I suoi petali devono ancora aprirsi. Allo stesso modo, il bocciolo del nostro cuore deve schiudersi attraverso la meditazione. A quel punto, vedremo Dio e assaporeremo la beatitudine suprema.

95. Sii un testimone

Figli, anche eventi banali sono in grado di turbare la nostra mente. Alcuni fatti ci rallegrano, mentre altri ci rattristano. Alcuni si chiedono come rimanere in equilibrio tra questi due opposti, come testimoni distaccati.

Tutti noi possiamo fare un passo indietro e vedere ogni cosa come un osservatore, anche se siamo raramente consapevoli di questa nostra capacità o la utilizziamo a nostro vantaggio. Quando qualcuno si trova di fronte a dei problemi, noi rimaniamo distaccati e riusciamo persino ad offrirgli consigli pratici. Se però siamo noi a dover affrontare gli stessi problemi, crolliamo. Il nostro abbattimento è causato dal senso dell'io e del mio.

Un discepolo chiese al proprio Guru: "Maestro, com'è possibile vedere ogni cosa con l'atteggiamento di un testimone? È talmente difficile!".

Il Guru non rispose. Il discepolo aveva compiuto sbadatamente alcuni errori, ma il Guru diede la colpa a qualcun altro, mentre il discepolo ascoltava sorridendo. All'improvviso il Maestro esclamò: "Quella persona non ha fatto nessuna di quelle cose, sei stato tu a compiere tutti quegli errori!". A queste parole, il discepolo impallidì e abbassò la testa per la vergogna.

Il Maestro aggiunse: "Quando ho sottolineato i tuoi errori ti sei rattristato, ma quando prima avevo incolpato qualcun altro per gli stessi errori, hai ascoltato ciò che dicevo con l'atteggiamento del testimone. Questo dimostra che hai la capacità di essere un testimone. Quando realizzerai che tu non sei tutto ciò che ora associ con l'io, sarai in grado di assumere l'atteggiamento del testimone. Noi abbiamo la capacità di osservare costantemente i nostri pensieri e le nostre azioni. Se riesci a coltivare ulteriormente questa consapevolezza, saprai avere l'atteggiamento del testimone in ogni circostanza e accetterai tutto con un sorriso. Nulla potrà influire sul tuo equilibrio mentale".

Mentre viaggiamo su un autobus potremmo vedere molti bei panorami, edifici maestosi e piacevoli giardini, ma anche viste inquietanti. Ciò nonostante, non ne rimarremo turbati perché sappiamo che non sono la nostra destinazione. Dovremmo poter osservare allo stesso modo i pensieri che compaiono nella nostra mente: vedere ogni cosa rimanendone distaccati. Questo è ciò che dobbiamo coltivare.

96. Lo scontento

Figli, spesso ci sentiamo tristi pensando alle fortune degli altri e alle nostre difficoltà nella vita. Vorremmo sempre essere qualcun altro. Una donna desidera essere un uomo e un uomo desidera essere una donna. Un bambino vuole essere un adulto, mentre la persona anziana vorrebbe diventare giovane. Siamo ben consapevoli di tutto quello che ci manca, ma non sappiamo apprezzare le benedizioni che abbiamo ricevuto da Dio.

Un uomo pregò Dio in questo modo: "Signore, mia moglie non capisce le mie fatiche. Lavoro tutto il giorno, mentre lei resta comodamente a casa. Ti prego, trasformami in lei e lei in me".

Istantaneamente udì la voce di Dio: "Esaudirò la tua preghiera".

Quando si svegliò il giorno seguente, si accorse che era diventato donna. La moglie, che adesso era un uomo, dovette semplicemente svegliarsi alle otto, lavarsi con calma e recarsi al lavoro, mentre lui, come donna, dovette svegliarsi prima, preparare la colazione, spazzare e pulire tutta la casa, lavare i bambini e dar loro da mangiare. A questo punto era giunta l'ora in cui il marito si recava al lavoro. Dopo avergli consegnato i suoi vestiti stirati, la donna portò i bambini a scuola. Mentre rientrava, si fermò al mercato per fare la spesa. Tornata a casa, fece il bucato e poi cominciò a cucinare la cena. All'improvviso si mise a piovere. Corse fuori per ritirare i panni stesi e piegò quelli asciutti. Dopo poco, il marito e i bambini tornarono a casa. Offrì loro il tè con dei biscotti e poi andò nella stanza della *puja* ad accendere la lampada e si sedette a pregare. Dopo aver aiutato i figli a fare i compiti e aver servito la cena al marito preparò ciò che sarebbe occorso l'indomani.

Passarono i giorni e ben presto l'ex marito era sfinito. Si rivolse a Dio, dicendo: "Signore, voler diventare una donna è stato un grande errore! Sono esausto, Ti prego, trasformami di nuovo in uomo".

Il Signore rispose: "D'accordo, ma devi aspettare nove mesi".

"Perché, mio Signore?"

"Perché sei incinta".

Ognuno di noi è come il marito della storia: siamo pronti a paragonarci con chi sta meglio di noi e ha maggiori capacità. Non capiamo che siamo molto più fortunati di molte persone che si trovano in situazioni peggiori.

Nel mondo, ogni individuo è unico e occupa un suo proprio posto nell'universo. Avendolo compreso, risvegliamo quindi il nostro potenziale e la stima in noi stessi e facciamo la nostra parte nel mondo. Solo allora ci sentiremo contenti.

97. La Giornata internazionale della donna[16]

Figli, qualche giorno fa, una donna è venuta da me con i suoi due bambini e tra le lacrime mi ha detto: “Amma, mio marito sperpera tutto ciò che guadagna nell’alcol. In casa litighiamo tutto il giorno e non c’è mai pace. Mi picchia e urla persino di fronte ai bambini. Non riesco a prendermi cura in modo adeguato dei miei figli. Amma, ti prego, salvami!”.

Nel nostro Paese ci sono molte donne che come lei piangono ogni giorno disperate. Non sto dicendo che gli uomini non soffrono, ma se facciamo un quadro della situazione, vediamo che il 90% delle persone in difficoltà sono donne.

Sia gli uomini che le donne desiderano amore. Affinché questo flusso non si inaridisca, bisogna continuare ad esprimere amore. Se viene a mancare l’amore da una parte, anche l’altra cesserà di dimostrarlo prima o poi.

Sia gli uomini che le donne hanno difetti. Se la mano sinistra viene ferita, la destra non l’accarezzerà? Allo stesso modo, le donne e gli uomini devono sopportare con pazienza le pecche reciproche e sostenersi a vicenda. Sfortunatamente, l’ego e l’egoismo prevalgono quando si dovrebbe esprimere amore e così si finisce per opprimere il partner e servirsene per i propri interessi. Gli uomini sono fisicamente più forti delle donne, ma tale forza non è stata data loro per opprimere, bensì per proteggere le donne. Ci si potrebbe chiedere: ma se hanno bisogno di

[16] Celebrata ogni 8 marzo.

essere protette, non significa forse che sono deboli? Un cerchio di poliziotti circonda il primo ministro per proteggerlo. Questo significa che è debole? No. Proteggere il primo ministro è nell'interesse del Paese, è un dovere della nazione. Allo stesso modo, proteggere le donne non solo è un dovere degli uomini, ma è anche nel loro interesse. La donna è colei che ha partorito l'uomo. Non dimentichiamo che ogni uomo è stato nutrito dal latte materno.

In molti villaggi dell'India è difficile trovare marito per donne analfabete che hanno più di 25 anni. Senza un'istruzione, non è facile trovare lavoro. Così, per il resto della loro vita queste donne soffrono come se fossero orfane che nessuno vuole. Chi è responsabile di questa situazione? È sbagliato dare la colpa solo agli uomini. Le madri devono offrire alle proprie figlie le stesse opportunità in ogni ambito e aiutarle ad avere un'istruzione che permetta loro di trovare un impiego.

Le madri dovrebbero instillare nei propri figli sin dalla loro infanzia la consapevolezza che tra i ragazzi e le ragazze non c'è differenza. Condizionate dalle madri sin da quando sono piccole, le donne hanno finito per dimenticare la propria forza e crescono come piante da interno in vasi troppo piccoli o come aquilotti cresciuti da una gallina. Convinti di essere polli, gli aquilotti non tentano neppure di volare e persino le loro ali sembrano solo un fardello. Analogamente, invece di consentire alle donne di risvegliare la fiducia in se stesse, la società ha ostacolato l'immenso potere femminile. Molti uomini si comportano come se le donne fossero inferiori. Alla fine, tale atteggiamento li danneggerà perché non riceveranno alcun conforto e ispirazione da loro.

Donne e uomini sono le ali della società. Amma sogna un futuro luminoso in cui entrambi, come le ali di un uccello, partecipino in egual modo alla creazione di una società migliore. La società potrà evolvere solo grazie a questa parità.

Uomo e donna

Figli, in tutto il mondo si discute se riconoscere alle donne gli stessi diritti in ambito lavorativo e in altri campi: questo mostra come qualcosa stia cambiando. Per lunghissimo tempo questa questione è stata ignorata e le donne hanno sofferto ingiustamente in silenzio, discriminate in molti modi anche in Paesi che si dichiarano progressisti, sviluppati e moderni.

L'orgoglio infondato e la credenza egoistica di essere superiori alle donne si è radicata nella mente maschile. Tuttavia le donne potrebbero pensarla diversamente: "Finora gli uomini ci hanno controllato e oppresso. Bisogna dargli una lezione!". Le donne e gli uomini devono smettere di competere per dimostrare chi è superiore. Finché non si accetteranno e rispetteranno reciprocamente, le loro vite saranno come le sponde di un fiume non collegate da nessun ponte.

Si stava celebrando un matrimonio. Al momento di apporre la firma sui registri ufficiali, l'uomo firmò per primo. Non appena la donna finì di firmare, lo sposo dichiarò ad alta voce: "Basta! Questo matrimonio è finito! Voglio subito il divorzio!".

Tutti i presenti erano allibiti. Il pubblico ufficiale esclamò: "È impazzito? Cos'è successo per provocare una reazione simile?".

L'uomo rispose: "Cos'è successo? Guardi bene! Vede la mia firma? È piccola e compatta. Ora guardi la sua firma come è estesa, molto estesa. Chi prende una pagina intera per firmare? So cosa significa questo: anche nella mia vita, questa donna non mi lascerà alcuno spazio". Rivolgendosi alla sposa disse: "Tieniti pure le tue ambizioni! Non riuscirai mai a sminuirmi!".

Sin dall'inizio, la maggior parte delle donne e degli uomini cominciano con il piede sbagliato.

"Sempre avanti" sembra essere il motto delle donne di oggi. Certo, è importante che progrediscano, ma di tanto in tanto devono anche girarsi a guardare il bambino che trotterella dietro di loro. La madre deve armarsi di pazienza per il bene del suo bambino. Non basta dargli spazio nel ventre, deve anche dargli spazio nel suo cuore.

Le donne e gli uomini devono sostenersi l'un l'altro, comprendersi e accettare i punti di forza e i limiti reciproci. Il modo migliore per conquistare l'altro è attraverso l'umiltà e l'amore. Solo se le donne e gli uomini si risveglieranno e agiranno fianco a fianco potranno entrare in una nuova era d'amore, di compassione e di prosperità.

La protezione delle donne

Figli, le aggressioni alle donne sono di nuovo tornate alla ribalta nei media. Ma questa è solo la punta visibile dell'iceberg; il resto rimane sommerso nell'oceano. E questo vale anche per la copertura mediatica di tali episodi di violenza.

Di solito stiamo molto attenti quando attraversiamo una strada trafficata. Se non lo facessimo, potremmo essere investiti. Oggi, le donne devono prestare la stessa attenzione. Dobbiamo spiegare a ogni bambina qual è la natura di questo mondo, abitato da persone che potrebbero aggredirla, sfruttarla o essere sgarbati con lei. Dobbiamo insegnare alle bambine come rispondere in modo appropriato.

Oggigiorno, gli adolescenti vogliono essere liberi di relazionarsi con gli altri senza restrizioni e non esitano ad infrangere i confini tracciati dalla società, convinti che un simile comportamento sia moderno. Tuttavia, il progresso non è sinonimo di libertà sfrenata e mancanza di responsabilità. Analogamente, salvaguardare i valori non è sinonimo di repressione né di tirannia. Ciò che occorre è comportarsi come faremmo spontaneamente con i nostri genitori e fratelli o sorelle. Allo stesso tempo, dobbiamo essere consapevoli del contesto in cui ci troviamo ed esercitare l'autocontrollo.

È necessario un cambiamento radicale nel modo di pensare della società. I genitori, gli insegnanti, i media, gli artisti e gli scrittori, giocano un ruolo cruciale in tal senso e non devono diffondere un messaggio errato, ma quello giusto. I media tendono a ritrarre le donne come oggetti di piacere e a sensazionalizzare gli episodi di violenza nei loro confronti. Rendiamoci conto dell'impatto negativo che tali immagini producono. Nella nostra società, gli uomini e le donne hanno entrambi subito dei condizionamenti. Un elefante può essere legato tranquillamente a un alberello. In effetti potrebbe sradicarlo facilmente e fuggire, ma l'essere stato legato a un albero con una fune quand'era piccolo ha fatto dimenticare all'elefante la sua forza e quindi non cerca di liberarsi. In un certo senso, questo vale anche per le donne. Per generazioni gli uomini hanno esercitato la supremazia su di loro e goduto di una maggiore autorità e quindi non sono in grado di cambiare adattandosi al mutare dei tempi. Gli uomini e le donne devono fare tutto il possibile per affrancarsi dai condizionamenti ricevuti. Il desiderio sessuale e la collera fanno parte della natura umana: insegniamo ai nostri figli a gestirli correttamente. Sin dalla loro infanzia, si dovrebbero dare ai bambini e alle bambine la giusta conoscenza e i giusti valori.

La nostra cultura ci ha insegnato a vedere le donne come madri e le ragazze come sorelle. Recuperiamo questa nobile cultura.

La libertà delle donne

Figli, gli uomini e le donne non sono due entità separate, ma manifestazioni della stessa verità. Esiste una donna in ogni uomo e un uomo in ogni donna. Pertanto sono uguali. I loro reciproci *dharma* (doveri) non sono contraddittori, bensì complementari.

L'uomo non deve trasformare la società in una strada a senso unico lungo la quale può avanzare solo lui. La società deve diventare un'autostrada sulla quale anche le donne hanno la stessa opportunità di andare avanti.

Alcuni uomini agiscono come se le donne fossero inferiori. Un simile atteggiamento è controproducente perché gli ostacoli che devono affrontare le donne, che sono anche madri, influiranno negativamente sui loro figli. Se le donne vengono scoraggiate, gli uomini non riceveranno da loro l'incoraggiamento, l'ispirazione e l'aiuto necessari. Se invece progrediscono, anche gli uomini ne trarranno vantaggio e viceversa. Non prendere in considerazione le donne porterà alla rovina gli uomini.

Amma ricorda una storia. Alcuni viaggiatori stavano attraversando un ponte di legno su un fiume che scorreva veloce. All'improvviso il ponte si ruppe. Quattro di loro, uno di essi era una donna, si aggrapparono alla fune cercando di salvarsi, sperando che presto qualcuno sarebbe arrivato a soccorrerli. Quando videro che la fune si stava rompendo per il peso eccessivo, decisero che uno di loro sarebbe dovuto saltare nel fiume per impedire che accadesse. Gli uomini guardarono la donna del gruppo, aspettandosi tacitamente che saltasse nel fiume. Lei acconsentì, ma prima di buttarsi pronunciò un bellissimo discorso sulla nobiltà del sacrificare se stessi. Quando ebbe finito, i tre uomini, istintivamente, applaudirono. Potete immaginare cosa accadde dopo...

Le madri non devono dimenticare l'importanza d'instillare nei figli, maschi e femmine, la consapevolezza che entrambi sono eguali. Devono dare alle figlie le stesse opportunità di partecipare alle varie sfere di attività e incoraggiarle ad avere fiducia in se stesse. Le fanciulle devono poter avere un'istruzione, proprio come i loro fratelli, e sviluppare le competenze necessarie per trovare un lavoro. In tal modo ci sarà un maggiore rispetto tra i bambini e le bambine e questo atteggiamento rimarrà anche quando saranno cresciuti.

Uomini e donne devono capire che libertà non è sinonimo di felicità. Il marito e la moglie devono diventare una sola mente e un solo cuore. Devono aprirsi l'un l'altro, diventare forza e motivo d'ispirazione del partner, aiutarsi e sostenersi a vicenda ed essere motivo di felicità per il coniuge.

Conosci il cuore e agisci

Figli, se vogliamo vedere sorgere l'alba della pace e dell'armonia nel mondo, dobbiamo iniziare in famiglia. Il 90% dei problemi domestici proviene da ferite del passato non guarite. Tutti noi viviamo con tali ferite aperte. Per poterle sanare, i coniugi devono aprire il proprio cuore al partner.

Alcuni mariti non hanno la pazienza di ascoltare quanto dice la moglie, considerano le donne persone deboli e sono convinti che nulla di ciò che esse dicono abbia qualche valore. Questo non significa che le donne siano impeccabili: alcune danno eccessiva importanza a delle inezie e si disperano. In genere, non sanno controllare le proprie emozioni e le manifestano. Gli uomini sono completamente diversi: le nascondono. Invece di presumere che le donne siano come loro, dovrebbero armarsi di pazienza ed ascoltarle quando raccontano i propri dispiaceri e sofferenze. Non dovrebbero vederle come semplici oggetti di piacere o serve. Anche il loro cuore cerca amore. Invece di metterle da parte, devono trovare il tempo e la pazienza di ascoltarle. Se non sono disposti a farlo, le donne potrebbero guardare altrove per alleggerire il loro cuore.

Allo stesso modo, le donne devono essere pronte a comprendere il cuore del marito e agire di conseguenza. Altrimenti, anche lui potrebbe cercare di alleggerire il proprio cuore altrove. Spesso il marito rientra a casa dopo una dura giornata di lavoro in cui ha dovuto sopportare la collera del proprio superiore. Se la moglie lo accoglie con un viso imbronciato e parole sgarbate, lui sarà sempre più di cattivo umore. Pertanto, la donna deve cercare di capire il suo stato d'animo.

Se entrambi i coniugi lavorano, devono supportarsi reciprocamente. Solo se si aprono l'uno all'altro ed esprimono i propri sentimenti, i problemi potranno essere risolti. Quando esistono l'amore e la fiducia reciproci, vi sono meno problemi. Tale amore e tale fiducia creano le fondamenta su cui poggia una buona famiglia. Rifiutare, consapevolmente o inconsapevolmente, di comportarsi in questo modo, fa nascere ulteriori problemi.

Si dice che una donna dovrebbe svolgere tre ruoli: quello di madre, di moglie e di amica. Allo stesso modo, anche l'uomo ha un suo *dharma* e deve realizzarlo.

Figli, possiate amarvi reciprocamente e diventare una cosa sola!

98. Esprimere amore

Figli, molte donne dicono ad Amma: "Quando racconto a mio marito i miei dispiaceri, lui grugnisce e non mi dice nemmeno una parola di consolazione. Non mi mostra nemmeno un po' d'amore". Quando Amma chiede ai mariti una spiegazione, essi rispondono: "Non è vero, amo molto mia moglie, ma lei non fa che lamentarsi!". Così, sebbene si amino, nessuno trae beneficio da questo amore. È come vivere sulle rive di un fiume e morire di sete.

In effetti, l'amore è già in ognuno di noi, ma l'amore inespresso è come miele intrappolato in una roccia: impossibile gustarne la dolcezza.

Poiché non conosciamo il cuore dell'altro, non basta tenere nel cuore l'amore che sentiamo: dobbiamo esprimerlo con parole e azioni, amare apertamente e condividere ciò che proviamo.

Un giorno un *sanyāsī* visitò un carcere e conversò cordialmente con i detenuti. Tra di loro c'era un giovane delinquente. Vedendo il destino toccato al ragazzo, il cuore del *sanyāsī* si sciolse. Si avvicino a lui, gli accarezzò dolcemente la schiena e chiese: "Figlio, come sei finito a frequentare questi criminali?". Mentre parlava, gli occhi del monaco si riempirono di lacrime.

Vedendolo, il ragazzo disse sommessamente: "Se qualcuno avesse posato affettuosamente le mani sulle mie spalle quand'ero più giovane o mi avesse rivolto parole affettuose, non sarei finito qui".

È necessario mostrare amore ai bambini. Bisogna insegnare loro a ricevere e a dare amore.

L'amore non deve restare nascosto nel cuore, ma va manifestato con le parole, lo sguardo e le azioni. L'amore è la ricchezza che dà più felicità a chi lo dona rispetto a chi lo riceve. È un tipo di ricchezza di cui non siamo consapevoli, anche se è nelle nostre mani.

Pertanto, risvegliamo il nostro amore interiore e lasciamo che scorra nel mondo attraverso ogni sguardo, parola e azione. Che possa fluire liberamente, non ostacolato dai muri della casta, del credo e del gruppo famigliare a cui si appartiene. Che i cuori possano abbracciarsi. Che noi possiamo risvegliare la gioia che abbiamo dentro e condividerla con gli altri. Che questo flusso d'amore possa accarezzare tutti gli esseri. Possano le nostre vite sulla Terra ricevere tale benedizione.

99. Il legame tra marito e moglie

Figli, per godere di una vita coniugale felice sono essenziali comprensione reciproca, benevolenza e la buona volontà di raggiungere un compromesso. Solo così la coppia può superare le difficoltà che sorgono nel matrimonio. I legami famigliari si stanno indebolendo nel nostro Paese e i divorzi aumentano giorno dopo giorno.

Gli uomini e le donne devono comprendere che non sono emotivamente uguali. Gli uomini vivono nel cervello, le donne nel cuore. Più di ogni altra cosa, la moglie desidera il sostegno emotivo del marito. Desidera uno sposo che le mostri amore e attenzione e sia pronto ad ascoltarla con empatia. Il marito desidera attenzione, accettazione, amore e rispetto dalla moglie. Se c'è amore, entrambi si aiuteranno l'un l'altro e si sentiranno felici nel farlo.

Capirsi, fidarsi dell'altro supportando amorevolmente la vita di coppia non è un compito facile e richiede molta pazienza e tolleranza. Spesso chi si sposa è immaturo e incapace di comprendere la mente e i bisogni emotivi del partner. L'amore non è l'attrazione fisica che si prova per l'altro. Il vero amore è un'unione di anime.

Oggigiorno i giovani e le giovani sognano una vita coniugale simile a quella che vedono alla televisione o al cinema e restano delusi quando non riescono a ricrearla nella propria vita. Amma ricorda un fatto. Una ragazza era rimasta incantata da un film visto prima di sposarsi in cui il marito e la moglie erano incredibilmente ricchi. Avevano una grande casa, un'auto costosa, abiti alla moda e ogni tipo di bene di lusso. Erano sempre felici. Dopo aver visto il film, la ragazza iniziò ad immaginare di condurre una tale vita e poco dopo si sposò. Il marito, però, svolgeva un lavoro ordinario. La moglie voleva un'auto, un nuovo sari e poter andare al cinema ogni giorno. Cosa poteva fare quel poveretto? La ragazza era profondamente delusa. Cominciarono a litigare e persero la pace della mente. Alla fine divorziarono.

I giovani e le giovani non devono desiderare solo una buona istruzione e una bella carriera, ma devono entrambi prepararsi mentalmente a una vita coniugale felice anche prima di sposarsi. Nel matrimonio, il partner non ha il diritto di avanzare continuamente richieste. Entrambi devono essere disposti ad amarsi, a cooperare e attendere con pazienza che vi siano amore e collaborazione da tutte e due le parti. Nella loro vita, ognuno incontrerà diversi problemi e, quando accadrà, dovranno essere fonte di forza e conforto l'uno per l'altro. In tal modo il loro amore crescerà spontaneamente.

L'amore e il sacrificio sono le due ali della vita familiare che aiutano la coppia a librarsi nella gioia e nella contentezza.

100. Simpatia e compassione

Figli, a prima vista, la simpatia e la compassione sembrerebbero simili, ma se le analizziamo attentamente vediamo che tra loro vi è una grande differenza. La simpatia è un sentimento passeggero che sorge nella mente quando si vede la situazione dolorosa di qualcuno. È un sentimento che non ci tocca profondamente e non ha un grande impatto. Nel vedere una persona soffrire, potremmo offrirle un piccolo aiuto o dire parole gentili per provare meno disagio. La compassione, invece, è uno stato in cui si sente la sofferenza altrui come se fosse nostra. La dualità è scomparsa, vi è solo identificazione e comunione. Quando la mano sinistra è ferita, la destra la accarezzerà perché il dolore appartiene a un unico, indivisibile insieme.

Un giorno un discepolo chiese al suo Guru: "Qual è la vera compassione?".

Il Guru portò il discepolo in una strada vicino all'*āśhram* e gli chiese di osservare attentamente un mendicante seduto sul ciglio della strada. Dopo un po', una donna anziana che passava di lì gettò una moneta nella ciotola del mendicante. Qualche attimo dopo, un ricco gli regalò cinquanta rupie. Trascorse un po' di tempo. Infine arrivò un bambino che, vedendo il mendicante, gli sorrise dolcemente, gli si avvicinò e gli parlò come se fosse suo fratello maggiore. Il mendicante ne fu commosso e si sentì felice. Rivolgendosi al discepolo, il Guru chiese: "Chi dei tre ha mostrato vera compassione?".

Il discepolo disse: "L'uomo ricco".

Sorridendo, il Guru disse: "Costui non aveva un briciolo di simpatia né di compassione per il mendicante. L'unica sua intenzione era fare mostra della sua generosità. La donna anziana aveva sentito un moto di simpatia per quell'uomo, ma non l'aveva visto come se stessa, non aveva desiderato alleviarne la povertà. Il bambino aveva provato compassione perché si era comportato come se il mendicante fosse simile a lui. Nonostante non potesse aiutarlo materialmente, è stato empatico e ha saputo creare un legame tra i due cuori. Ciò che ha dimostrato il bambino è vera compassione".

Quello di cui il mondo ha bisogno oggi non è una simpatia superficiale, bensì profonda compassione. La compassione compare in un cuore che vede le gioie e i dolori altrui come propri. Un tale cuore è colmo d'amore ed è pronto a servire. La compassione è l'unica medicina che può guarire le ferite del mondo.

101. L'arte del compromesso

Figli, tutti sognano una vita familiare in cui regnino amore e concordia, tuttavia vediamo ovunque famiglie sfasciarsi per questioni banali. Anche se in una casa c'è solo un pugno di riso da mangiare, essa sarà un paradiso se le persone si amano e sono unite. Al contrario, pur essendoci abbondanza e ricchezza, la casa diverrà un vero inferno se i membri della famiglia saranno costantemente in conflitto tra loro.

Molti scontri sono causati da inezie. Alcune donne dicono: "Mio marito dice sempre di amarmi molto. Come posso credergli se non ricorda nemmeno il nostro anniversario di matrimonio? Non riesco a perdonarglielo. Non voglio più vivere con lui!".

Molte coppie sposate fanno questo tipo di recriminazioni. Dimenticare la data dell'anniversario di matrimonio potrebbe non riflettere una reale mancanza d'amore, bensì una dimenticanza dovuta ad altri motivi. In situazioni simili, entrambe le parti devono essere concilianti.

Un uomo si sedette a fare colazione con il figlio. Poiché era ora di andare al lavoro, la moglie gli portò subito una *dōśha* (sorta di crêpe indiana) e del *chutney.* Avendola preparata in fretta, la *dōśha* era in gran parte bruciata. Tuttavia l'uomo la mangiò senza fare commenti. Essendosene accorta, la moglie si scusò e disse: "Era bruciata. Te ne preparo un'altra".

Il marito rispose: "No, va bene così. Era croccante e io adoro le *dōśha* croccanti!".

Mentre andava in ufficio, l'uomo accompagnò il figlio a scuola. In macchina, il figlio chiese: "Papà, ti piacciono davvero le *dōśha* bruciate?".

L'uomo rispose: "Tesoro, ieri tua madre ha fatto il turno di notte. Ha lavorato tutta la notte e non ha dormito. È tornata a casa solo stamani. Doveva essere stanchissima, eppure ci ha preparato la colazione. Ci ha preparato tante colazioni buonissime in passato, ma non ci siamo mai complimentati con lei. Oggi che è così stanca, se le avessimo detto che la *dōśha* era bruciata e ci fossimo rifiutati di mangiarla, ci sarebbe rimasta male. Non mi costa nulla mangiare una *dōśha* leggermente bruciata per farla felice".

Dobbiamo capire che in questo mondo nessuno è perfetto. È possibile salvaguardare l'amore e la pace nella vita familiare solo se c'è comprensione reciproca tra i vari membri e se si è disposti a dare e a ricevere.

102. Adattarsi alle circostanze

Figli, il cambiamento è parte integrante della natura della vita e le situazioni in cui possiamo trovarci sono diverse. Dobbiamo imparare ad adattarci al mutare delle circostanze. Mentre guidiamo, se incontriamo dossi, buche, curve e salite, cambieremo marcia di conseguenza. Allo stesso modo, sia a casa che al lavoro dobbiamo adattarci al mutare delle circostanze. Ad esempio, anche se siamo arrabbiati con il nostro superiore o non siamo d'accordo con lui su determinate questioni, sorrideremo e gli offriremo cortesemente un posto a sedere quando entrerà nel nostro ufficio. Lo facciamo perché sappiamo che non farlo potrebbe avere un impatto negativo sul nostro lavoro. Allo stesso modo, dobbiamo adattarci alle situazioni e alle persone invece di cercare di cambiarle a nostro piacimento.

Una mattina un re, mentre passeggiava nei giardini regali, urtò con il piede una pietra. Dalla ferita cominciò a sgorgare sangue. "Perché non avete pulito questa strada sapendo che sarei passato da qui?", chiese il re infuriato ai suoi servitori. Ordinò poi di ricoprire di tappeti tutte le vie della città prima della sua quotidiana passeggiata mattutina.

I ministri erano senza parole: impossibile ricoprire di tappeti tutte le strade in un solo giorno. Si scervellarono per trovare una soluzione. Alla fine, un anziano ministro ebbe un'idea e disse umilmente al re: "Maestà, anziché tappezzare tutte le vie della città, non sarebbe più pratico se indossaste un buon paio di scarpe quando passeggiate la mattina?".

Gli occhi si adattano continuamente alle varie situazioni, si adattano alla visione di oggetti vicini e lontani. Allo stesso modo, dobbiamo acquisire la capacità di adeguarci alle variabili della vita. Se lo sapremo fare, il mondo sarà per noi un paradiso in terra.

Per poter affrontare le vicissitudini della vita mantenendo l'equanimità, dobbiamo comprendere e assimilare i princìpi spirituali. La conoscenza spirituale è come l'ammortizzatore nei veicoli che attenua l'impatto di un viaggio su strade accidentate con dossi e buche. Anche la vita procede tra alti e bassi. Se la nostra visione è radicata nella conoscenza spirituale, sapremo conservare l'equilibrio mentale anche nelle traversie.

103. Parola e Azione

Figli, viviamo in un'epoca in cui in ogni momento si organizzano discorsi e conferenze in tutto il Paese. Ciò che conta non è quanto viene detto o ascoltato, ma la convinzione con cui il relatore tratta un tema e in che misura chi ascolta assimila ciò che sente.

I membri del comitato di un tempio invitarono un *Mahātmā* per una serie di conferenze, nell'ambito delle festività del tempio. La prima conferenza fu seguita da 2.000 persone, che rimasero così entusiaste del discorso da tornare l'indomani per ascoltarlo di nuovo. Il *Mahātmā*, però, ripeté ciò che aveva detto il giorno prima. Di conseguenza, il terzo giorno alla sua conferenza vennero meno persone. Mentre il relatore continuava a pronunciare lo stesso discorso giorno dopo giorno, il numero degli ascoltatori diminuiva progressivamente e alla fine della settimana c'era solo una manciata di persone nel pubblico. L'ottavo giorno, solo un fedele assistette al suo discorso e quel giorno il *Mahatma* trattò un nuovo argomento. Al termine, il fedele gli chiese: "Lei ha parlato dello stesso argomento per tutti questi giorni, ma oggi, quando io ero l'unico partecipante, ha iniziato a trattarne uno nuovo. Perché?".

Il *Mahātmā* rispose: "Nessuno degli ascoltatori applicava nella sua vita i princìpi di cui parlavo. Ecco perché ho continuato a ripetere gli stessi argomenti. Tu, invece, hai messo in pratica due dei valori che ho esposto. Quando ieri un mendicante è venuto a casa tua a chiederti dei vestiti, gli hai regalato senza esitare uno dei tuoi completi, anche se non avresti potuto permettertelo.

Stamani, quando sei arrivato al tempio, l'addetto alla sicurezza ti ha rimproverato per aver lasciato i sandali nel posto sbagliato. Tu, però, non hai perso la calma, ti sei scusato gentilmente e li hai messi nel posto giusto. Così facendo hai applicato nella tua vita due valori che avevo sottolineato nei miei discorsi. Quando ho capito che stavi mettendo in pratica ciò che avevi sentito, ho introdotto un tema nuovo".

Quando le parole che ascoltiamo penetrano profondamente nel nostro cuore ci trasformano, e tale cambiamento si riflette nelle nostre vite. Gli altri seguiranno il nostro esempio. I valori trasmessi in questo modo, da una persona all'altra, produrranno un cambiamento positivo in tutta la società.

104. La ricerca del piacere

Figli, alcuni chiedono: "La gioventù non è il tempo dedicato a godere dei piaceri della vita? Non basta pensare a Dio e al *sanyāsa* (vivere una vita di rinuncia) quando si è vecchi?".

Nessuno dice che non dovremmo godere dei piaceri, ma se viviamo senza comprendere alcune verità della vita, anziché trovare la felicità saremo travolti dal dolore. Di fatto, la spiritualità non è altro che la ricerca della felicità; ed è, di fatto, la ricerca più saggia.

Godere dei piaceri dei sensi disperde, senza che ce ne accorgiamo, la nostra energia, mentre quando pensiamo a Dio la pace e la felicità inondano la mente. Pertanto, finché il corpo è ancora in salute, dobbiamo sforzarci di superare le nostre debolezze interiori. Se lo faremo, non dovremo temere per il futuro, né preoccuparci del presente.

Amma ricorda una storia. In un Paese, tutti i cittadini avevano il diritto di diventare re, ma ad alcune condizioni. La carica di re durava solo cinque anni, dopo i quali chi era stato re veniva esiliato su un'isola vicina, abitata da bestie feroci. Non vi erano altri esseri umani, perché gli animali selvatici avrebbero divorato chiunque fosse approdato sull'isola. Ciò nonostante, molti si presentavano per regnare per cinque anni, tentati dalla prospettiva dei piaceri e del potere regale.

All'inizio, ogni nuovo re era felice, ma presto veniva assalito dalla paura e dall'ansia, consapevole che, finito il quinquennio, le fiere l'avrebbero divorato. Così, il suo volto mostrava perennemente i segni della sua sofferenza. Nulla suscitava il suo entusiasmo: i cibi deliziosi, l'opulenza, i servitori pronti a soddisfare ogni sua esigenza, il flusso continuo di musica e danza a corte... Niente lo interessava. Alla fine dei cinque anni, il re veniva portato sull'isola, dove sarebbe stato immediatamente divorato dalle bestie feroci.

Un giorno arrivò un giovane desideroso di diventare re. A differenza dei suoi predecessori, il nuovo re non mostrava alcun segno di sofferenza. Si preoccupava del benessere dei suoi sudditi, svolgeva sapientemente i doveri regali e trascorreva il tempo libero trovando diletto nella danza e nella musica. Andava a cavallo, cacciava ed era sempre allegro. Gli anni passavano e il suo regno cominciò a volgere al termine, ma perfino allora il suo comportamento non cambiò. Tutti erano stupiti. Così andarono da lui e gli chiesero: "Anche se si sta avvicinando il giorno in cui verrete portato sull'isola, voi non sembrate per nulla preoccupato. Qual è il vostro segreto?".

Il re rispose: "Perché dovrei esserlo? Sono pronto ad andarci. La prima cosa che ho fatto dopo essere stato incoronato è avere inviato i soldati sull'isola a uccidere le bestie feroci. Ho anche fatto disboscare parte della giungla, trasformandola in terreno coltivabile. Ho fatto scavare pozzi e costruire case, assunto operai e insediato molti abitanti sull'isola. Non mi resta che trasferirmi lì. Anche se sto per lasciare il trono, continuerò a vivere sull'isola come un re".

Figli, dobbiamo vivere come questo re. Mentre conduciamo la nostra vita nel mondo dobbiamo cercare la via alla felicità eterna. La vita mondana non potrà mai garantirci una felicità duratura. Dopo aver mangiato del *khir* (budino di riso) potremmo anche sentirci sazi, ma dopo un po', proveremo il forte desiderio di averne dell'altro. Allo stesso modo, non pensate di potervi dedicare a Dio dopo aver goduto dei piaceri del mondo.

Se vogliamo liberarci dalla sofferenza, dobbiamo impegnarci quando il corpo e la mente sono ancora in salute e abbandonare l'idea che basti pensare a Dio quando diventeremo vecchi. Dobbiamo compiere tutte le nostre azioni rivolgendo il nostro cuore a Lui fin da quando siamo giovani, senza procrastinare nemmeno di un giorno la ricerca di Dio. Impegniamoci nelle pratiche spirituali. In tal modo, potremo vincere la morte ed essere sempre felici.

105. Anelito

Figli, la devozione è l'amore supremo per Dio. Dobbiamo desiderare di diventare tutt'uno con Lui e tale desiderio deve avere la stessa intensità che ha colui che è intrappolato in una casa in fiamme e cerca disperatamente di sfuggire al fuoco. La devozione si manifesta appieno solo quando c'è tale ardore. Alcuni si chiedono: "Se Dio dimora in noi, perché dovremmo avere questa brama?". Sebbene il Signore sia dentro di noi, non riusciamo ad avvertirne la presenza perché la mente è attratta dagli oggetti esterni. Per legare una mente come la nostra a Dio, occorre desiderarlo ardentemente. Se un granello di polvere ci entra nell'occhio, non avremo pace finché non l'avremo rimosso. Il desiderio di raggiungere Dio deve avere la stessa intensità.

Un giorno, il saggio Nārada vide alcuni sacerdoti dall'aria disperata. Quando chiese loro perché fossero avviliti, essi risposero: "Anche se abbiamo celebrato *yajña* (riti sacri con il fuoco) per molti anni, non abbiamo ancora visto Dio".

Nārada rispose: "È vero che avete celebrato *yajña* per anni, ma il vostro amore per Dio è puro? Conosco un pescatore che desiderava vedere Dēvī. Andò dal suo Guru, il quale gli disse: 'Se invochi Dēvī con lo stesso ardore con cui un uomo tenuto sott'acqua desidera l'aria, sarà Devi a venire da te'. Fidandosi completamente delle parole del Guru e senza pensare minimamente al suo corpo, alla sua casa e nemmeno alla sua stessa vita, l'uomo prese la ferma decisione di riemergere dall'acqua per prendere fiato solo dopo aver visto la Madre Divina. Gridando

'Madre!', si immerse nell'acqua. Immediatamente Dēvī apparve dinanzi a lui e gli chiese: 'Figlio, perché mi hai chiamato? Cosa desideri?'. Il pescatore disse: 'Non ho bisogno di nulla, volevo solo vederTi. O Madre, per favore benedici il mondo. E ogni volta che avrai fame, vieni a casa mia a mangiare'". Nārada continuò: "Chiamate Dio con lo stesso amore e struggimento innocente del pescatore e Lui certamente apparirà dinanzi a voi".

Dio e il *jīva* (l'anima individuale) non sono due entità separate. Come una goccia d'acqua anela a congiungersi con l'oceano, così ogni *jīva* sente dentro di sé il desiderio di diventare uno con Dio. Ma al momento tale desiderio è dormiente. Ricordare costantemente Dio e offrire a Lui ogni nostra azione, ci aiuta a risvegliare questo amore e questo desiderio intenso.

Dobbiamo giungere a uno stato in cui sentiamo di non poter più vivere senza Dio. Una volta raggiunto, avremo realizzato la nostra vita.

106. La forza interiore

Figli, i problemi e le sfide fanno parte integrante della vita. Quando ci troviamo di fronte a dei problemi, potremmo vacillare o cedere alla disperazione o alla paura. Non dobbiamo però mai dimenticare che possediamo la forza interiore per superare le circostanze avverse. Possiamo risvegliare questo potere coltivando una fede ottimistica e un animo coraggioso.

Mentre saltellava sul ciglio della strada, una rana cadde in un buco. Tentò con tutte le sue forze di uscire, ma senza successo. Un coniglio che passava di lì la vide e fu mosso a compassione. Provò ad aiutarla, ma senza riuscirci. Così, chiamò i suoi amici. Anch'essi si sforzarono di tirare fuori la rana, ma anche i loro tentativi fallirono. A quel punto, esausti e affamati, le dissero: "Noi andiamo a mangiare qualcosa. Torneremo con del cibo per te. Abbi pazienza e aspettaci". Detto questo, si allontanarono. Avevano percorso solo un breve tratto di strada quando videro con stupore la rana saltellare davanti a loro! All'unisono, chiesero: "Come hai fatto a uscire?".

La rana rispose: "Ero disperata pensando che non sarei mai riuscita a uscire da lì. In quel momento, ho visto un camion che arrivava rapidamente verso di me e senza pensarci due volte ho fatto un balzo... Ed eccomi qui!".

Dobbiamo affrontare i problemi che si presentano nella nostra vita come se fossero circostanze predisposte da Dio per risvegliare la nostra forza interiore. Quando una piccola spina ci punge il piede, cammineremo con più attenzione ed eviteremo di cadere in un grande fosso.

Se continuiamo a sollevare solo pesi leggeri, non potremo mai diventare campioni di sollevamento pesi. Per diventare campioni dobbiamo aumentare gradualmente il peso. Potremmo iniziare sollevando un disco da 25 chili e poi aumentare il peso a 30, 40, 50 kg e così via. Solo con una pratica assidua potremo eccellere in ogni campo.

I problemi e le crisi non sono che strumenti che ci aiutano a scoprire e risvegliare la nostra forza interiore. Dobbiamo accettare ogni sfida con questa consapevolezza. Dove ci sono la speranza e l'impegno, la vittoria è assicurata. Perciò, non perdiamo mai la speranza.

107. Amare se stessi

Figli, viviamo in un'epoca in cui la gente non solo detesta gli altri, ma odia anche se stessa. Ecco perché il numero di suicidi e di altri atteggiamenti mentali distruttivi è in aumento. Tutte le religioni, i leader spirituali e gli psichiatri sottolineano quanto sia importante non solo amare gli altri, ma anche se stessi.

Di solito si pensa che amarsi significhi amare il proprio corpo. Molti spendono tempo e denaro cercando di preservare la loro salute e bellezza fisica. Appena si svegliano, tante persone passano ore davanti allo specchio e spendono un sacco di soldi frequentando saloni di bellezza e palestre. Alcuni cercano di schiarire la loro pelle scura, altri di renderla più scura abbronzandosi. Alcuni tingono di nero i loro capelli grigi, altri schiariscono i loro capelli neri. Avere cura del corpo e della propria salute è importante, ma spesso rivolgiamo troppa attenzione a questi aspetti. Ci siamo mai fermati a riflettere su quanto tempo prezioso sprechiamo in tal modo? Sfortunatamente, nessuno sembra compiere alcuno sforzo per elevare la propria mente e il proprio cuore.

In un grande magazzino a più piani non c'erano abbastanza ascensori e quindi le persone dovevano attendere a lungo prima di prenderne uno. Stanchi di aspettare, alcuni clienti iniziarono a lamentarsi e a creare scompiglio.

Il direttore comprese che, se non avesse risolto rapidamente il problema, le vendite ne avrebbero risentito. Cominciò a pensare a una soluzione e infine ebbe un'idea: collocò diversi specchi nella zona in cui la gente aspettava gli ascensori e fece installare altri specchi negli ascensori.

Appena lo fece, le lamentele cessarono. Nessuno si accorgeva più del tempo che passava nell'attesa, intento a guardarsi allo specchio, a sistemarsi i capelli o a truccarsi, cosa che continuava a fare anche in ascensore.

Proprio come abbelliamo e puliamo il corpo, così dovremmo mantenere pulita la nostra mente rimuovendo rapidamente ogni emozione o pensiero negativo.

Esercitiamo quindi il nostro intelletto a pensare con discernimento, usando la conoscenza come ausilio. In tal modo potremo scoprire la divinità che è in noi. Questo è il vero significato di amare se stessi.

108. Controllare la mente

Figli, è la mente che rende la vita un paradiso o un inferno. Quindi, se desiderate il vostro bene, dovete controllarla. A tal fine sono necessarie due cose: uno sforzo paziente e un entusiasmo costante. Attenzione però a non esercitare troppa pressione sulla mente e a non eccedere nel controllo dei bisogni primari del corpo, come il cibo e il sonno. Una pressione eccessiva crea agitazione. La mente va controllata gradualmente. Occorre dare tanto al corpo quanto alla mente sufficienti occasioni di riposo e di svago. Allo stesso tempo, bisogna impegnarsi al massimo per raggiungere l'obiettivo. È un compito arduo controllare la mente ed è facile che i nostri tentativi falliscano. Ciò nonostante, perseveriamo senza perderci d'animo.

Immaginiamo di avvertire il bisogno urgente di urinare mentre siamo sull'autobus. In qualche modo lo controlleremo fino alla fermata successiva, non salteremo giù dall'autobus in corsa. Analogamente, se la mente ci spinge a fare qualcosa di sbagliato per soddisfare un piacere momentaneo, non ascoltiamola, ma fermiamoci a riflettere e a discernere. Teniamola a freno. Potremo padroneggiarla attraverso una pratica costante.

Alcuni sostengono che non ha senso controllare emozioni come la collera e la lussuria e affermano che il desiderio sessuale è una sorta di fame che va saziata. Tuttavia, per quanto possiamo avere fame, non ingurgitiamo tutto ciò che ci troviamo davanti. Allo stesso modo, anche se la collera e la lussuria sono emozioni naturali, facciamo attenzione a non dare loro libero sfogo. Possiamo controllarle e tale controllo è necessario per il bene dell'individuo e della società.

Ciò che ci dà la forza di superare gli ostacoli è il focus sull'obiettivo. Uno studente che desidera fortemente ottenere il massimo dei voti in un esame stabilirà una routine da seguire scrupolosamente. Sapendo che se rimarrà sveglio fino a tardi a guardare la TV non riuscirà a svegliarsi presto, ridurrà il tempo passato davanti al televisore. Saprà anche che, se mangia troppo prima di andare a dormire, gli sarà difficile svegliarsi presto per studiare. Tenendo conto di questi fattori, stabilirà una tabella di marcia e starà attento a non mangiare, dormire, giocare o parlare troppo. Allo stesso modo, chi è fortemente motivato a raggiungere uno scopo, riuscirà senz'altro a controllare la mente.

Ascoltare discorsi spirituali e frequentare persone di animo nobile rafforza la nostra forza di volontà. Pratiche spirituali come la meditazione e il *japa* (ripetizione di un mantra) calmano e rafforzano la mente e ci aiutano a porla facilmente sotto il nostro controllo.

Glossario

Adharma: iniquità, violazione dell'armonia dell'universo.

Arjuna: valoroso arciere, uno degli eroi del *Mahābhārata*, al quale il Signore Kṛiṣhṇa impartì i Suoi insegnamenti nella *Bhagavad-Gītā.*

Artha: scopo, benessere materiale; uno dei quattro *puruṣhārtha* (obiettivi della vita umana).

āśhram: monastero. Amma dice che questa parola è composta da "ā" (quello) e da "śhramam" (sforzo): sforzo verso quello, ovvero, la realizzazione del Sé.

Bhagavad Gītā: "Canto del Signore". Quest'opera di 18 capitoli in versi racchiude i consigli del Signore Kṛiṣhṇa ad Arjuna sul campo di battaglia del Kurukṣhētra, poco prima del combattimento tra i giusti Pāṇḍava e i malvagi Kaurava. La *Bhagavad Gītā* è una guida pratica per affrontare una crisi in ogni ambito della vita ed è considerata l'essenza della saggezza vedica.

Bhajan: canto devozionale o inno di lode a Dio.

Bhakti: devozione per Dio.

Bhārat: India.

Bharata: fratello minore di Rāma che regnò su Ayōdhya come suo rappresentante durante l'esilio di Rāma.

Bhaya-bhakti: devozione caratterizzata dalla paura delle conseguenze di azioni sbagliate.

Bhīma: uno dei fratelli Pāṇḍava. Guerriero di forza titanica, fu il bersaglio di numerosi e perfidi attacchi da parte di Duryōdhana.

Bhīṣhma: patriarca delle dinastie Pāṇḍava e Kaurava. Anche se si schierò a fianco dei Kaurava nella guerra del *Mahābhārata* in onore a un voto che aveva fatto, sostenne il *dharma* e, nel suo cuore, fu solidale con i giusti Pāṇḍava.

Darshan: incontro con una persona santa o visione del Divino. Il darshan di Amma consiste nel caratteristico abbraccio.

Daśharatha: padre di Rāma e re di Kōśhala.

Dēvī: Dea/Madre Divina.

Dharma: "ciò che sostiene" (la creazione), quanto è conforme con l'armonia dell'universo; codice di condotta etico; dovere sacro o legge eterna.

Dharmakṣhētra: "campo del *dharma* (rettitudine)". Il termine si riferisce al campo di battaglia in cui si svolse la guerra del *Mahābhārata*.

Dhṛitarāṣhṭra: padre dei Kaurava.

Drōṇa: maestro d'armi sia dei Pāṇḍava che dei Kaurava nell'epopea *Mahābhārata*.

Duryōdhana: il maggiore dei Kaurava; l'incarnazione del male.

Gaṇapati: figlio di Shiva. Dio dalla testa d'elefante, Gaṇapati viene invocato per rimuovere gli ostacoli.

Gāndhārī: madre dei Kaurava; in segno di solidarietà con il marito cieco Dhṛitarāṣhṭra, si bendò gli occhi dopo il matrimonio.

Gōpa: pastore di Vṛindāvan.

Gōpī: pastorella di Vṛindāvan. Le *gōpī* sono note per la loro ardente devozione al Signore Kṛiṣhṇa. Sono un esempio dell'amore supremo per Dio.

Guru: maestro spirituale.

Gurukula: letteralmente, famiglia (*kula*) del precettore (Guru); scuola tradizionale in cui gli studenti vivevano con il Maestro per tutta la durata dei loro studi sulle Scritture.

Hanumān: discepolo e compagno di Rāma dalle sembianze di una scimmia (*vānara*), Hanuman è uno dei personaggi chiave del *Rāmāyaṇa*.

Hōma: antico rituale vēdico del fuoco in cui si offrono oblazioni agli dèi versando del ghi come offerta in un fuoco sacro; il *dēva-yajña* è uno dei cinque *yajña* quotidiani che un bramino deve compiere.

Iṣhṭa dēvata: forma preferita del Divino.

Japa: ripetizione di un mantra.

Jīva (*jīvātmā*): il sé o l'anima individuale.

Kaikēyī: seconda moglie di Daśharatha e madre di Bharata nel *Rāmāyaṇa*.

Kalpavṛikṣha: mitico albero che esaudisce i desideri.

Kāma: desiderio.

Kamsa: zio materno di Kṛiṣhṇa.

Karma: azione; attività mentale, verbale e fisica; catena di effetti prodotti dalle nostre azioni.

Karma yōga: la via dell'azione, il sentiero del servizio disinteressato.

Karṇa: figlio del dio Sole e di Kuntī, la madre dei Pāṇḍava. Karṇa combatté a fianco dei Kaurava nella guerra del *Mahābhārata*.

Kaurava: i 101 figli del re Dhṛitarāṣhṭra e della regina Gāndhārī, di cui l'ingiusto Duryōdhana era il maggiore. I Kaurava erano acerrimi nemici dei Pāṇḍava, i loro cugini virtuosi, contro i quali combatterono nella guerra del *Mahābhārata*.

Kṛiṣhṇa (propriamente Kṛiṣhṇa): da "kṛiṣh", ovvero attirare a sé o rimuovere il peccato. Principale incarnazione del Signore Viṣhṇu, Sri Kṛiṣhṇa nacque in una famiglia reale, ma crebbe con i genitori adottivi a Vṛindāvan. Qui, visse la sua infanzia come mandriano, amato e venerato dai suoi devoti compagni, le *gōpī* e i *gōpa*. Sri Kṛiṣhṇa fondò in seguito la città di Dwāraka. Fu amico e consigliere dei cugini Pāṇḍava, in particolare di Arjuna, di cui fu l'auriga nella guerra del *Mahābhārata*. Sul campo di battaglia, impartì i Suoi insegnamenti ad Arjuna. Tali insegnamenti sono contenuti nella *Bhagavad Gītā*.

Kṣhatriya: sovrano o guerriero; uno dei quattro *varṇa* (classe sociali) dell'antica società indù.

Kuchēla: un devoto del Signore Kṛiṣhṇa molto povero. Grazie alle benedizioni del Signore, divenne incredibilmente ricco.

Kurukṣhētra: campo di battaglia dove si combatté la guerra tra i Pāṇḍava e i Kaurava; anche metafora del conflitto tra bene e male.

Lakṣhmaṇa: fratello minore di Rāma.

Lakṣhya-bōdha: focalizzazione sulla Meta.

Mahābalī: re gentile, generoso e giusto che divenne famoso per la sua onestà e prodigalità.

Mahābhārata: antica epopea indiana composta dal saggio Vyāsa, che narra la guerra tra i giusti Pāṇḍava e i malvagi Kaurava.

Mahātmā: "Grande Anima"; termine usato per descrivere chi ha raggiunto la realizzazione spirituale.

Mānasa-pūjā: adorazione mentale.

Mantra: suono, sillaba, parola o parole dal contenuto spirituale. Secondo i commentatori vēdici, i mantra sono rivelazioni nate dalla profonda contemplazione dei *ṛiṣhi*.

Mōkṣha: liberazione spirituale, ovvero liberazione dal ciclo di nascita e morte.

Niyama: doveri o osservanze da rispettare (ciò che va fatto). I *niyama* sono il secondo "arto" dell'*aṣhṭāṅga yoga* (otto arti) del saggio Patañjali e sono composti da *śhauca* (purezza), *santōṣha* (contentezza), *tapas* (austerità), *swādhyāya* (studio delle

Scritture) e *īśhvara-praṇidhāna* (abbandono fiducioso a Dio). I *niyama* sono spesso menzionati assieme agli *yama*.

Ōm (Aum): suono primordiale dell'universo, il seme da cui ebbe origine la creazione, il suono cosmico, che può essere udito nella meditazione profonda; Ōm è anche la sacra parola, insegnata nelle *Upanișhad*, che indica *Brahman*, il substrato divino dell'esistenza.

Ōṇam: la festività più grande del Kerala, che si svolge nel mese malayano di Ciṅṅam (agosto-settembre).

Pāṇḍava: i cinque figli del re Pāṇḍu, cugini di Kṛiṣhṇa.

Paramātmā: il Sé supremo.

Pāyasam: budino.

Praṇava: la sillaba mistica Ōm.

Prārabdha: noto anche come *prārabdha karma*; si riferisce alla parte del nostro *karma* passato che è la causa della nostra nascita attuale.

Prasād: offerta benedetta o dono di una persona santa, o di un tempio, spesso sotto forma di cibo.

Prasāda-buddhi: atteggiamento che consiste nel considerare tutto ciò che si riceve come un dono di Dio.

Pūjā: culto o cerimonia rituale.

Puṇya: merito spirituale.

Rāma: eroe divino del *Rāmāyaṇa*. Incarnazione del Signore Viṣhṇu, è considerato la personificazione del *dharma* e della virtù. Ram significa "gioire": colui che gioisce di se stesso; il principio della gioia interiore; colui che rallegra i cuori degli altri.

Rāma-rājya: letteralmente, il regno di Rāma. Il termine viene comunemente usato per indicare un'epoca d'oro.

Rāmāyaṇa: epopea di 24.000 versi che narra la vita di Rama e ciò che accadde ai suoi tempi.

Rāvaṇa: potente demone. Viṣhṇu si incarnò nel Signore Rāma per ucciderlo e riportare così l'armonia nel mondo.

Rṣhi: veggente o saggio autorealizzato a cui furono rivelati anche i mantra nella sua meditazione.

Śhabarī: devota di Rāma nota per la sua fede incrollabile.

Śhabarimala: luogo in cui si trova il tempio di Śhabarimala, dedicato al Signore Ayyappa.

Sādhana: programma di pratiche spirituali disciplinate e focalizzate per raggiungere lo scopo supremo: realizzare il Sé.

Śhalya: re di Madra e grande guerriero. Su richiesta di Yudhiṣhṭhira, fu l'auriga di Karṇa con il proposito di demoralizzarlo nei momenti critici della guerra del *Mahābhārata.*

Samskāra: un tratto della personalità acquisito nel corso di una o più vite, modello mentale e comportamentale; tendenza mentale latente che si manifesterà quando si presenterà il contesto o lo stimolo adeguato.

Sanātana Dharma: letteralmente "Religione eterna" o "La via eterna della vita". Il nome originale e tradizionale dell'induismo.

Sañjaya: narratore della *Bhagavad-Gītā* e personaggio del *Mahābhārata* a cui il saggio Vyāsa conferì il dono della chiaroveggenza (*divya-dṛiṣhṭi*) affinché potesse raccontare al re Dhṛitarāṣhṭra tutto ciò che avveniva sul campo di battaglia.

Sanyāsī: monaco che ha preso i voti formali di rinuncia (*sanyāsa*); tradizionalmente indossa una veste color ocra, che rappresenta l'estinzione di tutti i desideri. L'equivalente femminile è *sanyāsinī.*

Satsaṅg: comunione con la Verità suprema. Anche stare in compagnia di *Mahātmā*, studiare le Scritture e ascoltare i discorsi illuminanti di un *Mahātmā*; incontro di persone desiderose di ascoltare e/o discorrere di questioni spirituali; un discorso spirituale.

Sītā: sposa di Rāma. In India è considerata l'ideale della femminilità.

Shiva: venerato come il primo e il più importante Guru. Considerato il substrato senza forma dell'universo in relazione a Shakti, la creatrice; Shiva è il Signore della distruzione (dell'ego) nella triade indù.

Śhraddhā: attenzione; fede.

Swāmī Vivēkānanda (1863-1902): principale discepolo di Śhrī Rāmakṛiṣhṇa Paramahamsa, tradizionalmente considerato uno dei primi a presentare la filosofia indù in Occidente. Swāmī Vivēkānanda fondò il Ramakrishna Math e la Ramakrishna Mission.

Upāsanā: culto.

Vāsanā: tendenza latente o desiderio sottile che si manifesta come pensiero, movente e azione; impressione subconscia prodotta dall'azione ripetuta.

Vasudhaiva Kuṭumbakam: il mondo è una sola famiglia.

Vēda: la più antica tra tutte le Scritture che ha avuto origine da Dio. I *Vēda* non sono stati composti da esseri umani, bensì sono stati rivelati agli antichi veggenti mentre erano in profonda meditazione. Queste sagge rivelazioni, conosciute come *Vēda*, sono quattro: *Ṛik*, *Yajus*, *Sāma* e *Atharva*.

Vyāsa: letteralmente "compilatore". Nome dato al saggio Kṛiṣhṇa Dvaipāyana, che compilò i *Vēda*. È sia il cronista degli avvenimenti nel *Mahābhārata* che un personaggio di questa epopea, nonché l'autore dei 18 *Purāṇa* e dei *Brahma-Sūtra*.

Yajña: forma di culto rituale in cui si offrono oblazioni al fuoco secondo le ingiunzioni scritturali, mentre si cantano mantra sacri.

Yama: ciò che non va fatto; limitazione, al fine di avere una condotta corretta; il primo "arto" dell'*aṣhṭāṅga yōga* (otto arti) formulato dal saggio Patañjali. Essi sono: *ahimsā* (non violenza), *satya* (veridicità), *astēya* (non rubare), *brahmacharya* (castità) e *aparigraha* (assenza di avidità); gli *yama* sono spesso menzionati in associazione con i *niyama*.

Yōga: "unire", l'unione con l'Essere Supremo. Termine ampio che si riferisce anche ai vari sentieri che ci permettono di raggiungere l'unità con il Divino. Lo yoga è un percorso che porta alla realizzazione del Sé.

Yuddha: guerra.

Guida alla pronuncia

Le vocali possono essere brevi o lunghe:
a a breve, come in ban**a**na
ā a aperta, lunga, come in ball**a**re
i i chiusa e breve come in r**i**tiro
ī i lunga come in rit**i**ro
u u breve, come in f**u**turo
ū u lunga, come in fut**u**ro
e e lunga, come in Am**e**rica
ai ai come in m**ai**
o o lunga come in col**o**re (la '**o**' e la '**e**' sono sempre lunghe in sanscrito)
au una via di mezzo tra '**au**' e '**ou**'
ṛi suono vibrante intermedio tra '**r**' e '**ri**'

Alcune consonanti sono aspirate, altre non lo sono. Vi diamo, indicativamente, qualche esempio:
k c dura, come in **c**asa
kh come sopra, ma aspirata
g suono duro, come in **g**atto
gh come sopra, ma aspirata
ṅ suono nasale, come in a**n**gelo

c suono dolce, come in **c**ena
ch come sopra, ma aspirata
j suono dolce, come in **g**elo
jh suono palatale **dge,** aspirato
ñ gn nasale, come in **gn**omo

t, ṭ suono occlusivo, come in sopra**tt**utto
th, ṭh come sopra, ma aspirata
d, ḍ suono occlusivo come in **d**ente
dh, ḍh come sopra, ma aspirata
ṇ retroflessa, come in **Kṛiishṇa**

Delle lettere con un punto sotto, ne vengono pronunciate alcune con la punta della lingua contro il palato, e altre con la punta della lingua contro i denti.

p come in pane
ph come sopra, ma aspirata
b come in **b**urro
bh come sopra, ma aspirata
m come in **m**adre

y come in ba**i**a (parte di un dittongo)
r come in ca**r**o
l come in **l**uce
v come in **v**ero
ṣh sc sibilante, come in **Kṛiishṇa**
śh sc dolce, come in scelta
s come in **s**ole
h come una leggera aspirazione
ṁ suono nasale come la **n** francese in bo**n**
ḥ leggera aspirazione se è all'inizio o nel mezzo di una parola. A fine parola, sembra come un eco dell'ultima vocale. Es. namaḥ = nam**aha**

www.ingramcontent.com/pod-product-compliance
Lightning Source LLC
Chambersburg PA
CBHW070139100426
42743CB00013B/2764
* 9 7 8 1 6 8 0 3 7 9 0 7 5 *